教学图鉴

〔日〕三好真史◎著　　王晓玲◎译

北京科学技术出版社

KYOSHI NO JUGYO GIJUTSU TAIZEN by Shinji Miyoshi

Copyright © Shinji Miyoshi, 2021

All rights reserved.

Original Japanese edition published by TOYOKAN PUBLISHING CO., LTD., Tokyo.

This Simplified Chinese language edition is published by arrangement with

TOYOKAN PUBLISHING CO., LTD., Tokyo in care of Tuttle-Mori Agency, Inc., Tokyo

through Pace Agency Ltd., Jiang Su Province.

Chinese (Simplified characters only) translation rights © 2025 Beijing Science and Technology Publishing Co., Ltd.

著作权合同登记号　图字：01-2024-4299

图书在版编目（CIP）数据

教学图鉴 /（日）三好真史著；王晓玲译. -- 北京：北京科学技术出版社，2025. -- ISBN 978-7-5714-4167 -8

Ⅰ . G424.21

中国国家版本馆 CIP 数据核字第 2024WE7993 号

策划编辑：	唱　怡
责任编辑：	唱　怡
责任校对：	贾　荣
图文制作：	李佳妮
责任印制：	李　茗
出 版 人：	曾庆宇
出版发行：	北京科学技术出版社
社　　址：	北京西直门南大街 16 号
邮政编码：	100035
电　　话：	0086-10-66135495（总编室）　　0086-10-66113227（发行部）
网　　址：	www.bkydw.cn
印　　刷：	北京中科印刷有限公司
开　　本：	889 mm × 1194 mm　1/32
字　　数：	150 千字
印　　张：	8.5
版　　次：	2025 年 9 月第 1 版
印　　次：	2025 年 9 月第 1 次印刷

ISBN 978-7-5714-4167-8

定　　价：79.00 元

前　言

所谓教育，就是把在学校学到的所有东西全部忘光之后剩下的东西，其目标是培养能独立思考及行动的个体，以解决社会的种种难题。

——阿尔伯特·爱因斯坦

灵活运用教学技巧。

本书汇集了许多此前尚未被系统整理过的教学技巧，称得上是一部教学技巧图鉴。

在以往的教育著作中，作者普遍会从微观的角度探讨各学科的教学技巧。例如，"本单元的教学内容是这些""这个教学方案可以迅速提升学生成绩"。然而，仅仅凭借某一种教学技巧而使学生有所提升并非易事。没有一种教学技巧对所有学生、所有学科都有效，因为影响教学的因素有很多，如教学构思、学生特点、单元目标等。

教师最好可以熟练掌握多种教学技巧，灵活运用它们构思教学方案，并在课程设计中体现出个人的风格。本书将教学划分为4个阶段，并按照性质对教学技巧进行了分类。此外，本书提供了评价与评分方法的解析。如果你在备课时能将这本书放在手边，那么它或许对你提升教学质量有所帮助。

> 教师是知识的创造者。

什么是教学？ 如果用一个词语来概括教学，我们应当如何描述？音乐家谱写乐章，引发听众共鸣；画家挥笔作画，触动观者情感；而教师则汇集前人智慧，引导学生创新。教师帮助学生扩充知识体系、塑造世界观，试图发掘每位学生的潜能与个性。

教学是知识的艺术。 这种说法并未言过其实。教学过程中，教师需要承担双重角色。首先，教师是创造者，要根据教学大纲的要求设计课程；其次，教师是表演者，要将知识生动地传授给学生。教学工作既需要创造，也需要表演。教师如同音乐界的原创歌手、建筑界的建筑师兼木匠。

很多教师都是技艺精湛的表演者，他们运用不同的面部表情及语音语调吸引学生。然而，作为创造者的他们又表现如何呢？的确，有些教学模式已经僵化，完全照本宣科，会使学生感到枯燥无味。

教师在扮演创造者这一角色时，往往能力有待提高。那么，为什么成为创造者对教师来说颇具难度呢？因为教师往往会被繁杂的工作所困，也缺乏获取丰富教学知识的机会。试想一下：**教师如果能秉持激发学生学习兴趣的教学理念，就会在课堂中引导学生做更多的讨论，让学生享受探索知识的乐趣。如果每天都能这样上课，该有多好！**

在这种充满成就感与欢乐的场景下，许多校园问题都将会被避免。无疑，这样的课堂将充满欢乐，学生的想法将得到呵护与引导，这样的教育进而会推动社会的繁荣发展。

教学中蕴含着改变学生命运乃至社会现状的力量。我们教师要努力成为知识的创造者，运用更多令学生耳目一新的教学模式。

本书使用指南

　　本书将教学划分为4个阶段：技能期、熟练期、活用期、探索期。本书阐述了各阶段的教学技巧，并且详细探讨了各种教学技巧的实践方法。概括来讲，本书有如下的应用价值。

①思考未来所需的教学模式
　　探讨适用于未来的教学模式，并明确其特征。
②了解学习法则
　　立足于科学角度，思考如何让学生"理解""掌握"教学内容。
③熟知4个教学阶段
　　理解4个教学阶段，意识到各阶段需要不同的教学技巧。

④掌握教学技巧

　　汇总各阶段有效的教学技巧。教师可以结合教材，参照相关的项目，更顺利地开展教学设计。

⑤组织教学内容

　　结合本书中的方法策划课程内容。根据教学目标、学生特点等，有计划地进行教学准备。

⑥实施教学活动

　　选择符合学生特点的教学技巧，并进行灵活调整。

⑦评价教学效果

　　观察、评价学生的学习情况与表现，并据此作出评定。

　　我们要明确如何创建教学单元并了解各类教学技巧。我们可以通过研读"未来的教学设计"这一章，明确未来所需的教学模式，继而着重关注具体的教学技巧。

　　教学技巧，其本质就是技法而已。可能并不存在绝对有效的教学方法，**但是是否尝试过某种教学方法，会影响我们在教学实践中所做出的选择**。我推荐大家多实践一些不同的教学方法。**我们可以先试着将书中的技巧都实践一次，然后找到更加适合自己的技巧，工作也许将变得更加**

得心应手。教学过程中，我们要根据课堂实际情况，对教学方法进行灵活的调整，这也是本书所提倡的"知识创造者型教师"所应具备的素养。

我们可以记录下自己已经使用过的技巧。如果我们最终可以灵活应用所有技巧，那么这说明我们已经在教学上具备了一定的创造性。让我们努力将恰当的技巧融入具体的教学中去，成长为能充分发掘学生潜力的优秀教师吧。

目　录

第5章 探索期的教学设计 / 193

第 1 章

未来的教学设计

优质的教学有利于培养学生

优质的教学有利于培养学生。如果教学方法得当，班级将焕发活力。**即便是秩序混乱的班级，借助于智慧且生动的教学也能重获生机。**

如果教师拥有个人魅力，具备较强的学习能力与卓越的教学能力，那么这将有助于为学生营造快乐的学习氛围。这就好像是在驾驶一辆汽车，如果司机的驾驶技术欠佳，乘客可能惴惴不安；而如果司机经验丰富，乘客则会悠闲安心。

当教学效果不尽如人意时，教师可能指责学生，更有甚者会进行不恰当的比较："往年的学生都做得很好。"固然学生承担着一定的责任，但教师也需要反思自己的教学方法是否得当。

无论是什么样的学生在体验了数小时或数天的枯燥乏味的教学后，都可能心生不满，产生倦怠感与反叛情绪。

即便是成人也会在聆听无聊的讲座时昏昏欲睡、心生反感，希望讲座尽快结束。

教师在进行课堂教学时，也面临同样的问题。唯有在课堂上激发出学生的学习热情，才算无愧于教师这份工作的使命。

　　尽管这样讲可能有些苛刻，但我们的确需要抱有"改变课堂"的意识，而非将提升课堂质量的责任推卸给学生。

提高教学水平的方法

为了提高教学能力，我们需要积累经验，不断增强实力。

"有实力的教师"会不懈地学习新的知识与技能，并将其运用到教学中，以提高教学能力、取得教学成果。

我们可以将教师的水平划分为4个阶段，你也可以来自测一下，看看自己身处哪个阶段。

第1阶段 好友型教师

处在这个阶段的教师通常会认为："与学生建立良好的关系，如同好友般亲密，就能够做好工作。"

但他们缺乏对教学标准、评价方式及学习目标等的整体规划。他们认为教学便是"以活动为中心，使学生乐在其中"。

第2阶段 应付型教师

处在这个阶段的教师尚未掌握足够多的教学技巧。

课堂上，他们会要求学生保持安静、做练习、观看视频、上自习，不断给学生布置任务。但他们这样做仅仅只是为了履行自己的职责，并非为了促进学生的学习或帮助他们提升成绩。稍具讽刺意味地说，他们是通过"应付"来获取薪酬。

第3阶段　教学熟练型教师

这类教师擅长助力学生成长。

他们是教学技巧的优秀实践者。他们在教学中追求娴熟的技巧，同时关注学生的优点，对其寄予厚望。

到达这个阶段的教师通常会阅读各类书籍，参加研修班和研讨会，力求教学技巧更加"熟练"。此阶段的教师将学习视作学生的本分，将学生取得优异成绩视作最终的目标。

第4阶段　人生导师型教师

处在这个阶段的教师足以改变学生的人生。

这类教师往往能够使学生在毕业多年后依旧对其心怀感激。

为了帮助学生塑造理想人生，我们需要开展改变学生的教学。唯有教师对学生的人生产生积极的影响，学生才乐于跟随教师学习。处于该阶段的教师在教学上已经超越了"熟练"的境界，**可以被称为学生真正意义上的"人生导师"**。

遗憾的是，因缺乏教学技巧知识，很多教师仍停留在第2阶段——"应付"阶段，难以前进。

而通过学习各种教学技巧，我们可以顺利地从第2个"敷衍"阶段进入到第3个"娴熟"阶段，进而更自由地运用教学技巧，步入第4阶段，成长为学生人生的改变者。

何谓"教学"

接下来，我们将聚焦于教学设计。首先，需要明确什么是"教学"。

教学主要涵盖3项任务，分别为：

①构思；
②实施；
③反思。

教学是教师综合实施这3项任务的过程。教师须严谨对待每项任务，以创造更为出色的课堂环境。

接下来，我们将依次展开讨论。

①构思

教师能够顺利授课，是因为心中已有规划好的计划蓝图。

当然，在大多数情况下，这个计划蓝图仅包含对于教学内容和时间安排的粗略设想，往往不及"学习指导计划"详尽。但重要的是教师要有清晰的思路，提前制订教学计划并进行必要的展望。

"教学构思"可概括为教师运用想象力将需要讲授的课程内容清晰化、具体化的过程。

②实施

教师按照事先的构思，开展实际教学，通过导入、朗读、讲解、提问等一系列指导和指令，促进学生的学习。教学过程中，教师要观察学生的表现，随时调整课堂活动，以提升学习效果。这些教学活动可能涵盖部分预先构思好的内容，但更多的情况是需要教师根据学生的反应灵活调整内容。

未来的教学强调学生的主体性。随着学生积极性的提高，课堂形式势必随之改变。即兴互动将成为必备环节。

如果想要以即兴互动为主导，师生共同构建课堂，那么教学过程将很难按照"构思"中设定的剧本推进。教师需根据预先构思好的教学设计进行必要的调整和改进。

教学的实施过程不仅是讲授课程的过程，更是教师根据实际情况进行"再设计"的过程。

③反思

通常情况下，教师的教学工作随着课堂的结束而告终。而教师往往会对自己的授课进行反思，回顾"今天的课堂安排存在哪些不足……"等细节。课堂反思是对自身实施教学的深度思考。

当学生的表现与我们的预期不相符，或我们无法恰当地回应学生的想法时，教师便会反思"预先设定的计划究竟哪里不妥？""指导的失误在何处？"

通过反思，教师能得到有价值的发现，并将其运用于将来的教学实践。反思中的发现主要有两方面。

首先是重新审视学生的状况。

例如，仔细回忆后你会意识到"在讲解过程中，A同学似乎没有理解"。

其次是教学设计。

例如，你会注意到"下次要对这个知识点做更详细的讲解"。

这两种发现是相互依存的，前者引发后者。

可以说，课堂的改善、教师个人的成长等都能在这3项任务的循环中得以实现。教师要在构思阶段设计教学技巧，在实施阶段边实践边调整，在反思阶段反省总结并构思下一堂课。

只有通过深入且真诚的反思，不断积累经验，提高教学实践的质量，我们教师才能逐步成长为能够实施稳定且出色的课堂教学的教育工作者。

何谓"会教学"

我们可将教师比作厨师。

要想使学生健康成长，必须给予他们富有营养的食物。然而食物再富营养，也未必诱人食欲。**我们在将一道道的知识菜肴放到学生眼前时，首先要注意菜肴的外观是否足够诱人。**

其次，要使学生品尝后感到"食物美味"，进而萌生出"渴望再次品尝"的想法。

厨师为了把优质的食材烹制成美食，会在烹饪技法上精益求精。

教学设计与烹饪有着异曲同工之处。

对于有价值的知识，教师需要想方设法地吸引学生的注意力，激发他们的好奇心和学习热情。例如，教师在语文课上提出"创作一篇原创故事"与"创作一篇让朋友感动得流泪的故事"这两个不同的要求，学生的思考与写作方式也会存在差异。

教师需要将具有价值的教材转化为易于被学生理解和接受的知识形式。这就对教师的教学设计能力提出了更高的要求。我们肩负着"知识创造者"的使命，所以必须具备匠人精神。

未来社会与教学设计

我们已经了解了如何改进教学。接下来，我们将探讨"未来所需要的教学形式"。进行教学设计时需要考虑"社会期望何种教育"及"教育的本质是什么"这两个问题。

我们将从"社会"及"哲学"两个视角进行思考。

①社会视角下的教育

探讨教育问题，首先需要把握社会的发展动向。10年或20年后，学生将步入社会。我们必须通过教育培养他们将来在社会中发挥积极作用的能力。**能够切实地培养出创造未来的有用之材，并且为之努力的人，才能真正被称为教师。**

未来社会将如何发展？信息技术的进步催生出诸多新兴行业。无人驾驶出租车、共享经济、网络众筹等前所未有的新型商业模式正迅速崛起。此外，我们如今正处于"第四次工业革命"的浪潮之中。人工智能、物联网、运用区块链技术的虚拟货币及无人机等新兴技术层出不穷。在未来社会中，学生将发挥积极作用。相信人工智能的发展将带来重大变革，如今的小学生有望亲眼目睹真正的哆啦A梦式的机器人。

未来社会将进入一个充满变数、难以预测的时代。教育应如何应对这样的社会巨变？学习知识固然重要，它是思维创新的基石。**但未来社会更加渴求具备沟通协调、团队合作、信息运用和解决问题等21世纪型素养的人才**。他们必须能独自面对身边出现的各种问题，具备与各种人士协同解决问题并针对各种情境选择最佳策略的能力。

为了培养在未来社会中发挥积极作用的人才，我们不应只关注"他们能做什么"，更应重视"他们如何学习"。

显然，当前以知识传授为主的"被动"教育模式亟待改变。**未来所需的是"以学习者为核心"的学习形式**。

即使是面临未知挑战，学生也能立刻运用已掌握的知识解决问题。这才是未来社会所需要的能力，而这种能力必须在教育过程中得到强化。为此，我们不应局限于抽象的题材和素材，而应该打造"面向社会的开放式教育课程"，尽可能地使学习课题及内容与现实社会紧密相连。

我们倡导"活用与探究性学习"，即引导学生理解学习的意义并运用所学的知识和技能去解决问题。

②哲学视角下的教育

接下来，我们将从"哲学"的角度来剖析教育。教育的本质究竟是什么？

公共教育的核心在于培养所有学生"追求自由""按照自己喜欢的方式生活"的能力。这里的"自由"是指"尽可能地接受并实现真实自我的一种理想状态"。

然而，自由并不等同于任意妄为。如果过分执着于自由，可能导致冲突，甚至失去自己的自由。哲学家们得出了一个结论：**"对自由相互认同。"也就是说，在追求自身自由的同时，必须尊重、承认他人的自由。**

法律确保每个人都能平等地享有自由。这样，个人的自由就能得到充分保障，这便是所谓的基本人权。然而，仅仅做到这一点还远远不够。要过上真正的自由生活，我们不仅需要法律保障，还必须具备获取自由的能力，这也正是公共教育的重要使命。

换言之，公共教育旨在通过培养每位学生自由生活的能力，为建立在"对自由相互认同"基础上的现代社会奠定坚实基础。

每个学生的学习进度与兴趣爱好各不相同，然而传统的学校教育却试图将其统一化，要求学生听从指挥，以相同的节奏完成相同的任务。

在培养学生自由生活的能力上，传统的教育模式存在一定的局限性。今后，我们需要调整这种教学模式。我们应让学生围绕某一主题自主提出"问题"，以自己的方式解决。学生应当运用各学科知识与技能，开展"活用与探究性学习"。对于无法找到答案的难题，学生应当进行深度探究。

通过"活用与探究性学习"，培养学生对自由的敏锐度，提高他们"对自由互相认同"的意识，这是未来教育的目标。

不断变化的考试题目

　　无论从社会还是哲学的视角出发，"活用与探究性学习"的重要性均日益凸显。这一趋势在日本的大学入学考试中也有所体现。接下来，我们来看看实际的考试题目。

　　2018年日本东京大学工学部入学考试的小论文题目如下。

　　人类的创造性活动带来了众多的发明和发现，实现了新的价值创造，对社会产生了深远的影响。在迄今为止的人类历史中，选取一项你认为最具独创性的发现或发明，详细说明其独创性所在，并阐述你对真正独创性的理解。

　　提到东京大学的入学考试，一般人可能认为它很难。然而，看完这个题目后我们会觉得它似乎也并没有那么难。实际上，东京大学的入学考试题目并非如我们想象中的那么高深莫测，我们只需运用课本上的知识便足以作答。**但是，考生需要对教材有全面的理解，结合不同科目的知识学习才能对题目作出解答。**

"火药、造纸术、活字印刷术、指南针"被誉为改变世界的四大发明。要想理解每项发明在何种层面上具备独创性，以及其为社会带来何种贡献，需具备广博的知识，并能认识到发明与社会发展的关联性。

我们必须认识到，发明和发现并不总是对人类有利。例如，"活字印刷术"的发明开创了信息传播的新篇章，然而信息对人类而言却有好与坏两种效应，需要审慎考量。此外，"什么是真正的独创性"需要依据个人价值观予以诠释。**学生在回答这个问题时不仅需要丰富的知识储备，更需要对事物有深入的思考。**以600~800字概括这些观点并非易事。换言之，这个题目也可转换为："谈谈你期望能研发出何种发明或发现？为什么？"这一题目的核心在于考查学生的创造性思维，以及了解他们的价值观。

这种入学考试题目，旨在选拔现代社会所需的高素质学生。此类题目能否在课堂上教授？**从结论上讲，"教授"确实难以实现。**我们可以讲解某一发明或发现的基本概念及其产生的影响，但对独创性的理解，每个人的想法不尽相同。仅凭一堂课远远不足以达成预期的目标。

然而，尽管无法直接"教授"观点，但我们可以在课堂上引

导学生。教师要使学生畅所欲言，倾听各种观点，进行深入探讨，进而明确自己的观点。

对各种主题反复展开讨论，让学生逐渐形成自己的观点。这便是探究类课程的核心。

《学习指导要领》中提出了"自主、互动和深度学习"的概念。这意味着在小学及初中阶段，教师需要着重培养学生解决问题的思维能力、判断能力以及流畅表达的能力，并且逐步提高要求。

社会在不断发展，考试题目也随之发生改变。我们不难发现市场上的考题材料中，论述式问题越来越多。我们现在要做的便是改变教学模式。为了迎接崭新的教学设计时代的来临，让我们改变方向吧。

学习的8项法则

　　如前所述，未来的教学所倡导的是"活用与探究性学习"。**虽然听起来有些矛盾，但仅仅做到"活用与探究"是不够的。**"思考"的重要性也不容忽视。**如果将"思考"视为与知识无关的行为，那就大错特错了。**

　　例如前文提及的东京大学的试题，考生必须掌握世界四大发明为"火药、造纸术、活字印刷术、指南针"这些基本知识。此外，需理解"什么是独创性"。考生需要掌握这些基础知识，然后通过思考将其融会贯通。**也就是说，考生必须切实掌握与活用、探究相关的"知识和技能"。因此，教学设计的首要任务便是使学生对所学知识"理解"并"掌握"。**

　　那么，我们当前的教学模式，是否真的能让学生"理解"并"掌握"所学知识呢？**"理解"及"掌握"所学知识并非一时的。**我们的目标是使学生掌握可以长期运用的知识。**换言之，就是要在学生脑海中留下"长期记忆"。**

　　接下来，我们将从发展心理学、教育心理学、脑科学等多个角度出发，探讨关于如何使学生"理解"与"掌握"所学知识的一些教学法则。

思考教学问题时，这些理论可作为教师教学的指导方针。

具体可概括为以下8项法则。

①困难适度法则；

②记忆固化法则；

③脚手架法则；

④交替学习法则；

⑤联想法则；

⑥回忆练习法则；

⑦间隔练习法则；

⑧多样化练习法则。

本书所提倡的理想教学模式为：学生可以运用科学高效的学习方法，迅速且准确地巩固知识与技能，并利用额外的时间进行"活用与探究性学习"。

在学习过程中，存在一些科学有效的法则。有些人认为"学习越轻松，效果则越佳"，事实并非如此。**其实适当的学习难度有助于提高学习效果，也有助于知识及技能的掌握。**

接下来，我们将逐一解析这些法则。

①困难适度法则

此处有两幅图片，请仔细观察。一幅清晰，另一幅模糊。

上图为马匹，下图为熊猫。
请问你想"仔细观察"哪一幅?
应该是熊猫吧。

通常情况下，人们在观察一幅模糊或难以辨认的图片时，更容易记住其中的内容。

再如，相较于在夏令营培训中被教授"单套结的打法"，我们在面临"船即将漂走"的困难情形时，更容易记住绳结的打法。

人们更容易遗忘那些可以轻易获取的信息，而对于有难度、有理解成本、有记忆难度的信息往往会有更深刻的记忆。

在教学设计过程中，为了使学生体验适当的难度，我们最好设定一个"只要学生努力便能克服"的难度，关键在于难度适中。如果难度过高，无论付出多大努力都无法成功，学生反而会丧失动力。当学生遇到问题时，我们应鼓励学生自行解决，让他们亲身体验面对困境的感受。

> 适度的困难有助于记忆。

②记忆固化法则

人类的记忆可以分为短期记忆和长期记忆。

例如，在订购外卖时，用户会短暂记住餐厅的电话号码，然而几分钟后就会将其忘记，这就是短期记忆；如果重复订购外卖则可强化记忆，记住该电话号码，这就是长期记忆。

学习的过程实际上就是将所学知识单元存储到长期记忆中的过程。以下是3种记忆模式。

首先是"情景记忆"，也就是与个人经历有关的记忆。

其次是"语义记忆"，这是对词汇及概念含义的记忆。

情景记忆和语义记忆之间存在密切的联系。

例如，当看到"狮子"一词时，人们自然会联想到狮子的特征，这便属于语义记忆的范畴。但这种记忆并非一开始就存在，而是通过亲身参观动物园或查阅相关图鉴等情景记忆的积累而实现的。由此可见，语义记忆是逐步形成的。

最后是"潜意识记忆"，这是指已经作为身体动作形成了习惯的一种记忆，如骑自行车、玩翻花绳等。这种记忆无须语言来表达，是无意识的、非语言性质的，因此被称为潜意识记忆。

- 体验情景；
- 理解语义；
- 获得身体记忆。

以上3个要素构成了长期记忆的核心。在进行教学设计时，应当以它们为基础，才能帮助学生将知识真正存储于长期记忆中。

> 通过"体验情景""理解语义""获得身体记忆"形成长期记忆。

③脚手架法则

在建造大楼时，常常会在大楼外围搭建临时作业平台及通道，这便是所谓的"脚手架"。

通常情况下，脚手架将随着施工进度逐渐加高，但大楼竣工后便会拆除。

学生在构建自身这座"大楼"期间，教师需要充当其不可或缺的"脚手架"。这就是"脚手架"这一理念的体现。

学生往往都具备模仿能力。

孩子在大人的指导与协助下，可以完成更大的挑战。

例如，二年级的学生已经可以熟练掌握加法运算，如果得到教师的指导，就可以更进一步学习乘法运算，掌握乘法口诀，但是初中的数学知识因数分解对他们来说依旧很难。

加法运算对他们来说是"自己可以独立完成"的，乘法运算是"在他人的协助下可以完成"的，而因数分解则是"即便他人协助仍无法完成"的。

像这样，学生活动有"自己可以独立完成""在他人的协助下可以完成""即便他人协助仍无法完成"的明确区分。

　　传统的学校教育往往更倾向于要求学生尽早独立完成任务。这就如同教孩子骑自行车，告诉他"学会独立骑行是非常厉害的"，从而鼓励他们自己去实践。然而，这种方法并不合理。在学生学习新事物时，朋友和教师可以给予适当的帮助。**教师应提供必要的"脚手架"，然后逐步撤去协助。学生应学会借助周围人的力量，使得自己"独立完成某事"的水平有所提升。"借助周围人的力量完成某事"是达到"独立完成某事"这一目标的重要过渡阶段。**

　　为学生搭建"脚手架"，让他们逐步学会独立完成任务。

---

④交替学习法则

在每个单元中，都分布着许许多多的知识点。教师应该实施"重点学习"教学方法，每次仅教授一项内容，还是应该采用"交替学习"教学方法，在短时间内教授所有内容后让学生反复练习呢？

研究结果表明，交替学习多样化内容有助于维持长期记忆。 将不同类型的问题混合教授，有助于培养学生辨识问题类型、找出问题共性特征的能力。

在考试以及实际生活中，学生需区分问题的类型并运用正确的方法解决问题，交替学习有助于达成这一目标。

例如，在"计算面积"的学习中，学生要掌握计算三角形、矩形、梯形等多种图形的面积。如果练习仅涉及三角形面积的计算，那么学生只需代入"底×高÷2"的公式求解。此时大脑解题所依靠的是短期记忆，负荷相对较轻。

而如果学生在学习了求解四边形面积后，再求解三角形面积，则可能陷入困惑："四边形面积能直接用'长×宽'计算得出，为什么三角形面积公式却不同，是'底×高÷2'？"这一过程中，他们要经历更多的思索，这会加深他们对知识的理解及记忆。

交替学习不如重点学习见效快。让学生混合练习不同的题目看似散乱且效率低下，**然而研究结果表明，从长远的角度来看，交替学习更有利于学生形成长期记忆。**

先让学生对整个知识网络有整体的了解，把握全局，再引导学生交替重复练习不同的题型，虽然过程有些难度，但这种方法对于学生的记忆能起到强化作用。

学习多项内容，并交替重复练习。

---

⑤联想法则

假设我们需要记住这些信息：2019年白银产量排名前3的国家依次为墨西哥、秘鲁、美国[①]。

当我们要同时记忆几个信息时，该如何做到呢？如果按部就班地逐一记忆，我们可能在短短5分钟后便会遗忘大部分信息。

我们可以应用一种非常高效的记忆方法：**信息块记忆法**。也就是说，将需要记忆的事物进行系统整理和归纳，使其成为一个有机的整体。

据说，一个人的短期记忆最多只能容纳7±2个信息块。如果我们可以将繁杂的信息整合，那么整合后的信息就可以被视为一个信息块。

在英国举办的世界记忆锦标赛中，很多获奖者都采用了视觉图像记忆法。

以上述内容为例，参赛者可能先进行以下联想。

墨西哥=墨西哥帽

秘鲁=安第斯山脉

[①]　排名可能因时间改变而产生变化。——译者注

美国=总统

然后，将这三者结合，大脑中便会浮现出总统头戴墨西哥帽，仰望安第斯山脉的画面。将信息与已有的知识建立联系，能够显著提高记忆效果。

据说，人的记忆力可以通过联想无限扩展。

在教学当中，教师应尽量将新知识与学生的已有知识建立起联系，并引导学生运用思维工具将相关内容可视化。

将新知识与已有知识联系起来，有利于强化记忆。

---

⑥回忆练习法则

　　在教材上做标记或进行反复朗读，会给自己造成已经"学会"的假象。然而，仅仅依靠这些并不能实现真正有效的记忆。**记忆需要我们借助"回忆"进行强化。**在教学中，通过多次小测试来促使学生反复回忆已经学习过的知识，是一种非常有效的方法。

　　已有研究对比了短期内多次测试与长期内单次测试的学习效果。研究成果显示，短期内接受较高频率测试的学生相比于长期内接受较少次数测试的学生得分更高。也就是说，测试频率越高，学习的效果越好。这或许是因为多次的测试可以使学习目标和成绩标准更为清晰，更容易被理解。

　　如果在短时间内进行过多的测试，可能导致学生的答案产生大量的错误。有些教师将错误视为禁区，认为犯错会加深学生对错误解题思路的记忆。这种观点是一种误解。即使学生出了错，只要得到及时的纠正，错误的记忆就会被更新修正。

　　很多学生在测试时都会犯错，但正因为经历了这种出错的学习体验，他们才能明确了解自己"已经掌握了哪些知识，还没有掌握哪些知识"。犯错这一过程的体验至关重要。

因此，经常进行测试和回忆练习十分重要。它可以帮助学生区分已掌握的知识与自认为已掌握而其实未掌握的知识。将学习中的问题直观地展现出来，可以促使学生做出反思。

在教学中，教师要给学生留出犯错和反思的时间，通过错误引导学生进行回忆，从而巩固所学的知识。

借助"回忆"巩固记忆。

⑦间隔练习法则

很多人在学习新的知识时，往往存在误区，他们认为只要反复地练习就能取得进步。进行集中学习、反复练习后，人们通常会感觉一瞬间学到了很多知识。然而，在这类学习过程中并不存在压力，往往仅是利用了短期记忆中的信息，于是让人产生一种"我已经学会了"的错觉。

学生学习的目的是获取新的知识，并能够在未来运用知识，所以相较于学习的速度，学习的效果更为重要。

为了夯实学生学习的效果，我们应在重复练习之外，适当地加入其他内容。

有一张著名的图表名为"艾宾浩斯遗忘曲线"，它揭示了人类记忆的规律。即便我们在学习之初立即记住了100%的内容，经过20分钟后也会遗忘42%的内容，而在一天之后则会遗忘多达66%的内容。

艾宾浩斯遗忘曲线

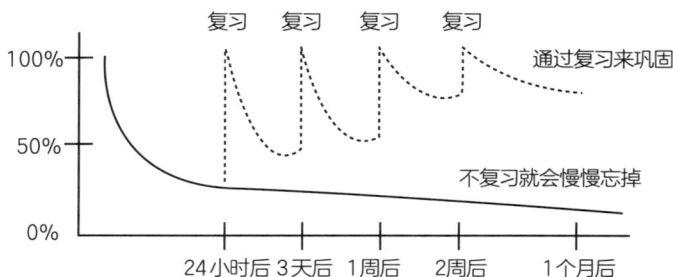

据此，我们在学习了新的知识后，可以每隔一段时间回忆将要遗忘的知识，这样做能够强化现有的知识体系，有利于巩固记忆。

为了使新的知识转化为长期记忆，我们要使其与旧的知识建立联系，这就是巩固的过程。这个过程可能需要花费数小时甚至数天的时间。想要在一天内完全掌握新的知识十分困难。我们需要在几天内反复进行学习。

在几天之内将知识反复学习。

⑧多样化练习法则

　　在引导学生解决问题时，应选择哪种问题？是相同类型的问题，还是多样化的问题？

　　有这样一个投球实验：将学生分成两组，让学生进行投球练习。第一组分别练习站在60厘米和120厘米这两种距离进行投球，而第二组仅练习站在90厘米处进行投球。3个月后，当以90厘米的投球距离对两组学生进行测试时，结果第一组的表现更为出色。

　　如果练习的种类单一、难度没有区分度，那么练习则会过于简单。只有多样化的练习才能激活大脑的多个区域，进而提升学习效果。

　　不具挑战性的学习，只能够激发大脑中单一的、较少的部分做出活动；而多样化且更具挑战性的学习，则会使大脑的记忆得到整合。大脑可以将在考虑复杂问题时所学到的经验，灵活应用到应对各种各样的事情上。

　　在指导学生解决问题时，教师可以适当地提供多种情境，使学生运用不同的数据、不同的设定解决问题，避免过于单一的模式，如准备多套练习问卷给学生。学习是逐渐积累、优化经验的过程。通过反复地练习，学生的错误将会越来越少。

总之，在学习时我们要注意：欲速则不达。

只有进行多样化的练习，才能使知识掌握得更加牢固，我们才能在需要时精准地调用知识解决问题。

> 提供多种情境的练习机会，锻炼学生解决问题的能力。

未来的教学设计

　　传统教学往往将重心放在"如何才能让学生学会"上。然而，在未来教学中，教师更应该重视"如何使学生能够实际运用已掌握的知识，并积极开展各项探究活动"。

　　我们可以将学习过程划分为3个阶段：掌握、活用以及探索。在此框架下，为了进一步巩固知识并提升技能，本书将掌握阶段进一步细化为技能期与熟练期。如上所述，完整的学习过程可以被概括为技能期、熟练期、活用期以及探索期这4个阶段。

　　技能期是学生掌握教学大纲及教材上规定的基础知识和技能的时期。

　　熟练期的目标在于巩固技能期所学的知识和技能。

　　活用期是锻炼解决问题能力的关键时期。在此期间，学生将会运用各种思维与表达方式去解决各类问题，并以个性化的方式展示成果。

　　而探索期则是在综合的学习时间里进行探究性学习的时期。学生可以将21世纪社会上的各种问题作为研究对象，这期间学生的主体性将会得到肯定和培养，他们能够

进行合作式和创造性学习，并获得一系列的通用技能。

我们可以通过"学习骑自行车"这一案例对学习过程有更加清晰的理解。

①技能期：了解骑车的方法
学习如何骑自行车。

②熟练期：反复练习
在老师和朋友的帮助下反复练习，掌握骑自行车的技巧。

③活用期：在练习路线内骑车
在练习路线内，练习转弯和急刹车等困难技巧。

④探索期：在各种道路上骑行
在公路、山间小径等各种场地骑行。

教师应有的状态

在设计课程时，我们先需考虑的是"教师应有的状态"。这种状态并非一成不变的，需要根据各阶段的学习内容进行灵活调整。

①在技能期，教师是统一指导者

技能期的教师更像是统一指导者。

在这一阶段，教师应专注于教学，力求使每位学生都能记住所学的知识。他们通过巧妙的策略，逐步使学生形成"老师是这样教的"的情景记忆，同时以通俗易懂的方式讲解，帮助学生形成语义记忆。

在这一阶段，有许多教学方法。

在技能期中，教师需要采用恰当的技巧并细心观察班级整体的氛围，确认学生能否理解授课内容。

②在熟练期，教师是个别辅导者

在熟练期，教师应将教学重心放到引导学生解决具体问题上。

引导学生根据自身的节奏进行学习，相互探讨不懂之处，使原本没有理解的学生逐渐掌握知识，使原本已经理解的学生对知识有更深的感知。

以学习打网球为例，学生在技能期学习打球方法，在此基础上，在熟练期学生之间反复练习对打。

学生通过自己的努力，逐渐提高对知识与技能的掌握熟练程度。

如此一来，教师也能得以解放。在这一阶段，教师最主要的角色是担任个别辅导者。

在这一阶段，没学会技能或未能理解知识的学生会止步不前。教师需要去帮助这些学生，通过熟练期的个别辅导，确保每名学生均能理解并掌握知识与技能。

③在活用期，教师是联络者

教师在此阶段是学生间的联络者。

在这一阶段，教师需要发挥纽带作用，向学生传达其他人的不同想法，告诉他们"那个小组的想法是……"。

这一阶段的重点是引导学生思考如何解决复杂的问题以及如何实践。在活动中，教师要广泛地听取学生的不同观点，尽可能包容学生的各类观点，激发学生的灵感，引导学生拓展思路。

教师需要扮演好联络者的角色。

④在探索期，教师是促进者

在探索期，教师要全面发挥促进者的作用。

教师应支持学生进行各种体验，参加不同的活动，以深化他们的学习。这样做的意义在于让学生积极参与学习，使他们的体验更加顺畅和深刻。

为此，教师要担当起促进者的角色，启发学生思考，鼓励他们深挖问题，积极表达自己的见解。这意味着教师要倾听学生的想法，提出探究性问题，并运用辅导技巧，推测和明确学生可能无法用语言表达的感受。在探索期，学生需要自主提出问题并进行探究，教师无须给出具体的答案。

因为对于许多问题，教师自己可能也没有答案。例如，如何快速制作纸飞机？如何使世界保持和平？诸如此类的问题，教师也无法立即作答。

即便如此，也没关系，因为教师只需扮演好"协助挖掘者"的角色。

在探索期，教师要成为可靠的探究支持者，而非答案提供者。

记忆固化与睡眠时的大脑活动

　　近年来，学者们已经逐步发现睡眠与记忆固化之间有着密不可分的关系。

　　睡眠可以大致分为快速眼动睡眠（浅度睡眠）和非快速眼动睡眠（包含浅度睡眠和深度睡眠阶段）两种，其中深度睡眠与记忆固化的关系尤为密切。

　　以学习新词后的记忆情况为例，研究发现，如果被试者深度睡眠时间较短或者睡眠过程中受到干扰，那么他的记忆效果就会变差。此外，如果测试日的前一天被试者的深度睡眠时间不足，也会对记忆效果产生负面影响。

　　由此可见，测试日的前一天和当天的深度睡眠时长对于巩固记忆至关重要。

　　婴儿一天中的大部分时间都处于睡眠状态。在睡眠的过程中，大脑会处理信息并固化记忆，这有助于大脑神经元网络的发育。婴儿会在睡眠中不断成长。

　　同样，中小学生正值大脑发育的重要时期，保证充足的睡眠不仅能提高他们的学习成绩，对于提升他们的身体素质也大有益处。然而，睡眠属于家庭活动，学校能做出的干预相对有限。最近，部分学校正在开展"睡眠教育"活动，通过引导学生记录睡眠时长，提升学生对睡眠的重视程度。

为了确保学生学习成绩的提高，我们在得到家长理解的基础上，可以督促学生保证充足的睡眠。

第 2 章

技能期的教学设计

何谓技能期

在技能期，教师要帮助学生掌握教学大纲及教材中的基础性知识与技能，以教授单元中的必修知识为核心，开展教学。

技能期的课堂教学基本上要采用统一指导的形式，也就是以教师为主导，学生围绕着同一主题分享学习成果，共同深化对知识的理解。

在20世纪90年代，许多教师抱有这样的看法：教师应作为学生的支持者而非指导者。他们认为单向的知识灌输效果并不理想，所以现在有些年轻教师疏于提升自己的知识讲解能力，不再去精进讲解技巧。这种形势已经相当严峻。

如何将知识通俗易懂地传授给学生？我们可以向各类媒体学习。

例如，为了能够从激烈的市场竞争中脱颖而出、吸引大量的观众，电视节目的制作者都会煞费苦心地采用各种方法试图抓住观众的注意力。有的历史节目将图像与讲解相结合，极有条理地罗列信息，这大大降低了观众的理解难度；还有的节目采用了情景再现的形式，富有情节的故事更容易展现出人物关系，也更容易使现代的观众产生情感共鸣。

如果我们询问学生："学校的历史课和电视上的历史节目哪个更有趣？"得到的答案往往都是后者。因为许多人为电视节目的制作付出了巨大的努力。

如果我们能够向电视节目学习，将信息展示的技巧应用到课堂上，那么我们的课堂将会更加易于理解，生动有趣。

这也是对教师技能的检验。虽然学生拥有一定的独立思考和创新的能力，但是这些能力往往比较初级。无论是学习任务还是学习内容与方法，大多由教师决定，学生发挥自主性的空间并不大。为了避免出现教师单向地传授的现象，我们需要适当地引入一些学生活动。

此外，为了确保学生有充足的时间体验熟练期与活用期，教师需要适当地缩短技能期的时间。我们应抓住两个要点：哪些知识是要教授给学生的？哪些知识是要学生自主学习的？以打造易于理解的课堂为目标，争取在短时间内完成"教"的过程。

我们可以将技能期划分为6个阶段，应用以下这11种教学技巧。

1.设定学习任务

教师可以先提出一个学习任务的前半部分，然后引导学生自行推导出任务的后半部分，或引导学生根据已学的知识点思考学习的目标。

- 技能期的技巧①导入
- 技能期的技巧②朗读
- 技能期的技巧③提问

2.思考解决方案

在收集学生意见时，让他们提出自己的解决方案，但并不一定要求学生罗列解决问题的具体步骤，而是要求他们构思解决问题的大致框架。

3.自主解决

接下来，我们可以要求学生在笔记本上写下自己的解决方案与想法，并留出5分钟左右的时间让学生自己尝试解决问题。这可以让学生体验解决问题的过程，明确自身在后续的团队协作中的角色定位。

　　即使自己没有解决方案，学生也可以坦诚地说"我不知道"。重要的是使学生在开始时明确自己的立场，这有助于引导学生后续通过协同合作解决问题。

4.协同合作

　　在协同合作的过程中，每位小组成员都需要发表自己的看法，提供解决问题的思路。为了避免出现活跃的学生占据主导地位而沉默的学生被忽视的情况，教师要提前为学生提供一些共同讨论与发言的建议。

　　·技能期的技巧④小组学习与座位排列
　　·技能期的技巧⑤讨论

5.同步评估

　　教师要求学生展示小组研究的想法、意见，然后带领全体学生进行同步评估。

- 技能期的技巧⑥点名、发言
- 技能期的技巧⑦讲解
- 技能期的技巧⑧板书

6.归纳与反思

最后，以归纳与反思环节为契机，鼓励学生对整堂课进行回顾，梳理所学的知识点，并进行回忆练习。

- 技能期的技巧⑨做练习题
- 技能期的技巧⑩反思
- 技能期的技巧⑪思维工具

以上仅仅是课堂教学安排的基础结构，并非所有课程都需要按照这些步骤进行。时间分配也可以有所不同。例如，可以适当缩短语文课的设定学习任务环节以及体育课的自主解决环节。

具体课程安排需要根据不同科目的特点而定。

技能期的技巧①

导入

导入的要点

课堂导入就像触发器一样。

无论学生是否已经准备充分，导入环节都会引导他们开启新的学习。

教师需要精心设计导入环节，尤其是在每单元的开始阶段。导入并非有趣就好。例如，即使我们希望通过介绍一个有趣的人物来引起学生的好奇心，但是如果人物与学习内容的关联性并不强，那么这样的导入并无意义。我们并不需要在导入环节中制造出"表面上的热闹"。**我们需要设计出能够真正引导学生进入学习情境的导入环节，使他们对整个单元产生浓厚的学习兴趣。**诀窍是不要直接灌输知识：不让学生直接看到他们想看的东西、不让学生直接听到他们想听的东西，而是通过激发学生的探索欲，提高他们的专注度。

为其朗读
为学生朗读相关的书籍。

小组活动
组织与学习内容相关的小组活动。

体验会
使学生体验学习内容，感受其中的乐趣和困难。

先来试试看吧。

昆虫有6条腿，这种说法正确还是错误？

知识竞赛
提出一些与学习内容相关的问题。

看电影
让学生观看与学习内容相关的影片。

手偶剧
用手偶来进行与学习内容相关的互动。

图片、照片
展示与学习内容相关的图片、照片。

视频
播放与学习内容相关的视频。

这就是那个城市的样子。

漫谈趣事
向学生讲述与学习内容相关的小故事。

星期天我在公园散步时，踩到了"某种东西"，摔了一跤……

实物展示
为学生展示与学习内容相关的实物。

我在校园里发现了这个。

现场表演
通过实际操作向学生展示所学内容。

做一个这样的实验。

连环画剧
将学习内容编排为连环画剧展示。

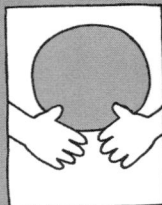

复习题
让学生就所学内容解答复习题。

小测试
就所学内容出一些易于解答的小问题。

列举名言
列举与学习内容相关的名言。

介绍诗歌
介绍与学习内容相关的诗歌。

播放歌曲
播放与学习内容相关的歌曲。

有这样一首歌。

表演
就学习内容进行表演。

大家知道这首曲子吗?

做游戏
使学生在游戏中体验所学内容。

让手偶给出错误答案
借助手偶说出一个错误答案,激发学生的兴趣。

$$\frac{3}{4} \div \frac{1}{2} = ?$$

直接除以 2 就可以了。

理想范例
为学生提供理想的标准范例，激发学生参与活动的积极性。

今天我们要学习这个技能。

用人物照片提出指令
用人物照片向学生提出指令，激发学生的学习兴趣。

我给大家提个问题。

续写学习目标
只给出一半的学习目标，让学生自行思考后续的内容。

请思考一下我们还有什么目标。

思考学习目标
使学生为自己的学习目标定量。

这个数字代表了什么呢？

5

技能期的技巧②

朗读

朗读的要点

语文课上的朗读机会通常多一些，但其他学科的课堂上也会涉及朗读，如：要求学生大声读出问题或目标。**朗读不仅可以使问题更加明确，也可以使全体学生对问题理解一致，同时可以加深并巩固学生的理解。**

各学科的朗读方法各不相同，关键在于要依据学科、教材及课程设计的特点，选用适当的朗读方法。如：初次阅读语文课文，教师最好先领读，再让学生集体朗读。这样做有助于使不擅长朗读的学生通过聆听纠正自身的发音、口吃等问题。

66

步行朗读
在教室里边走边朗读。

它的名字是小游。

生动朗读
朗读时要表现出丰富的层次，注意声调高低、声音大小及语速快慢。

大家都是红色的，可是有一条比乌鸦还黑！

全力朗读
深吸一口气，用尽全力朗读。

大家都是红色的，可是有一条比乌鸦还黑！

辅助背诵
以同桌的两人为一组，一人给予提示，一人练习背诵。

小鱼的……

兄弟姐妹们……

兄

技能期的技巧③

提问

提问的要点

课堂提问可以启迪学生的思维，激发他们的学习热情。核心问题指的是教师最希望学生进行思考的问题，教师需要为每堂课设置一个核心问题。

核心问题的质量，十分重要。

如果问题只能被少数优秀的学生所解答，那么它不能称之为好的问题；反之，如果每个学生都能不假思索地正确作答，那么它就过于浅显，容易使课堂乏味。

理想的问题应该可以让每个学生都积极地参与到讨论当中，并且很难直接判断出谁的答案更合理。这就需要教师深度挖掘教材，从而设计出对所有学生都有价值的问题。

一问一答

教师提出一个问题，引导学生找出答案。如此重复，提出多个问题。

> 故事发生在什么时候？

> 春天。

> 地点在哪里？

> 校园里。

一问多答

教师提出没有标准答案的问题，激发学生不同的想法，适用于课堂初始的导入阶段。

> 说说看你在照片中发现了什么？

连续问答

教师提问，学生作答，教师再根据学生的回答进行提问。

> 首先，发生了什么？

> 发现了小狐狸。

> 发现时主人公是怎么想的？

假设

提出假设性问题，锻炼学生的逻辑推理能力。

> 假设你们是主人公，会怎么做？

技能期的技巧④

小组学习与座位排列

4 人一组，参与活动。

小组学习与座位排列的要点

小组学习能充实学生的个体学习，同时增进学生间的互动。

成功的小组学习有助于提升班级整体的学习水平，丰富学生的学习体验。如果学生能够就疑问与他人分享自己的观点，那么他对于知识的理解就会更加深刻。

教师需要仔细观察每个小组的讨论情况，并在必要时提供指导。

小组人数越多，相互交流的想法越丰富，但每个人参与互动的机会则会越少；反之，小组人数越少，相互交流的想法越少，但成员越不容易在被指派的活动中偷懒、懈怠。此外，小组越大，需要的活动时间也会越长。

教师在设置小组时，需要综合考量各种因素。

双人组
与邻桌同学组成双人组,参与活动。
· 对面双人组型
· 并排双人组型

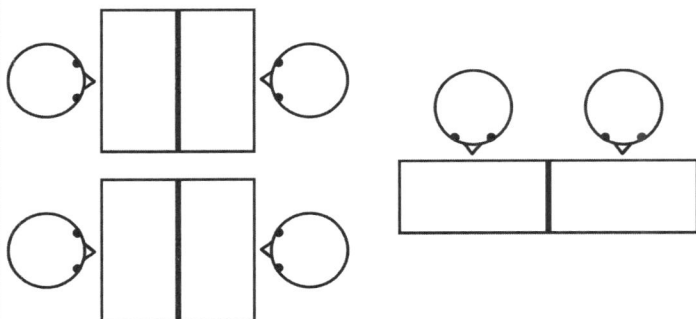

车厢式
8人左右组成一组,排列好桌椅,设为一节"车厢"。
· "I"字型
· 长方形型

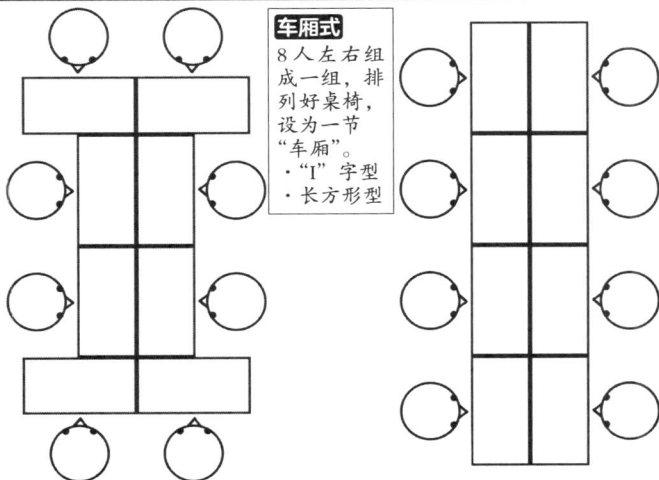

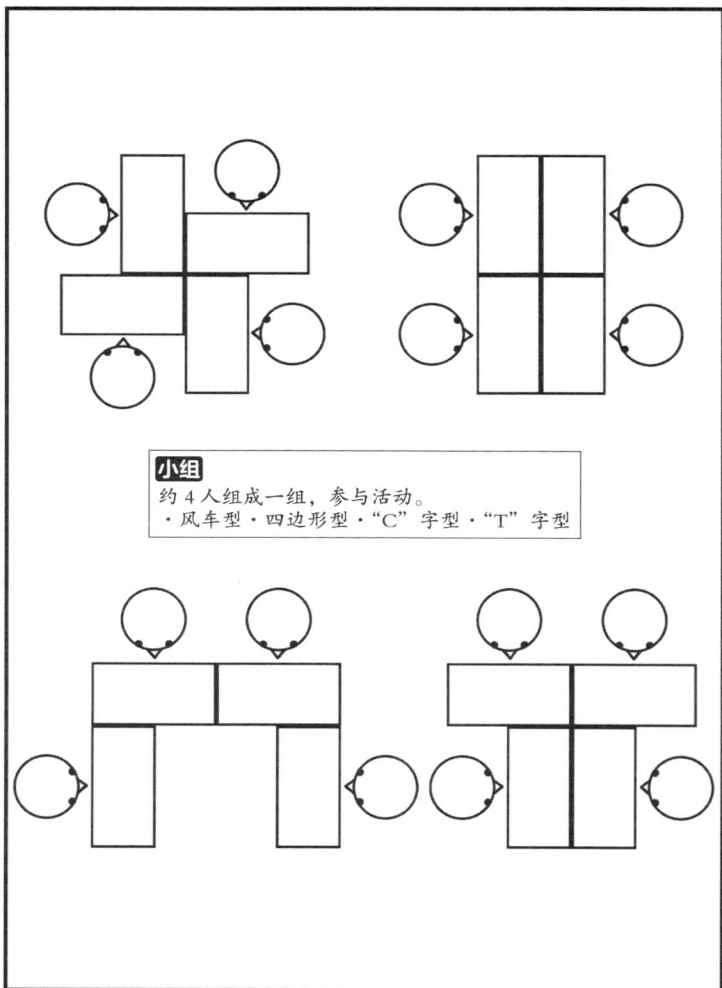

小组

约 4 人组成一组，参与活动。
·风车型·四边形型·"C"字型·"T"字型

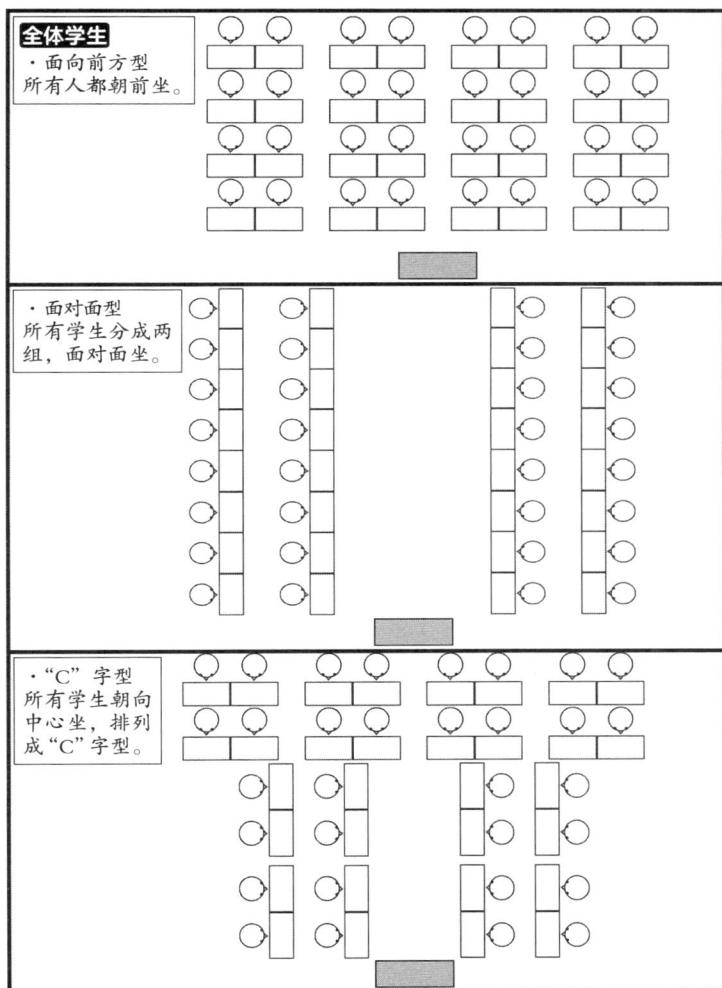

全体学生
· 面向前方型
所有人都朝前坐。

· 面对面型
所有学生分成两组，面对面坐。

· "C"字型
所有学生朝向中心坐，排列成"C"字型。

只放椅子

·圆形座位排列
撤走桌子，只保留椅子，椅子
摆放成一个圆形。

·演讲型座位排列
撤走桌子，只保留椅子，椅
子摆放成横排。

技能期的技巧⑤

讨论

讨论的要点

首先，学生要有明确的个人观点。其次，在此基础上，教师组织两人一组或多人一组进行讨论。讨论时要遵循以下3个原则。

①将要讨论的问题分割成几个小问题，依次轮流讨论；

②当他人发言时要及时关注并做出回应；

③在规定的讨论时间内避免沉默。

制订规则的目的是确保所有学生都能参与到讨论中，避免出现只有一方积极发言而导致讨论提前结束的情况。如果需要讨论3个问题，教师可以引导学生先选择其中一个进行讨论。如果班中有40名左右的学生，那么很难保证所有学生在讨论过程中都有发言的机会，这就要求学生在讨论时要做到高效。在要求学生两人一组进行讨论时，教师可以不设定具体的时限，根据情况适时结束讨论，锻炼学生根据教师的指示立即结束讨论的能力。

随机讨论

学生可以在教室里随意走动，与其他学生互动交流。教师可以提出要求，如"请随机与 3 个同学进行讨论"。

轮流一对一讨论

排成两条纵列，一侧学生固定不动，一侧学生轮流换座位，依次与不同的学生进行讨论。

观摩笔记

将笔记本摆放到一起，学生互相观摩。

四角展示

选出 4 个学生代表，将他们安排到教室不同的角落做展示，其他学生可以选择去聆听自己感兴趣的发言。

技能期的技巧⑥

点名、发言

点名、发言的要点

下面来介绍指定某个学生发言的技巧。在各种教学场景中，教师都需要向学生提问，如：询问解题策略、唤起学生的知识记忆或拓展其思维等。

教师可以通过提问了解学生对知识的理解程度、为课堂气氛适当增添紧张感。我们需要采用多种点名的方法，尽量使每个学生都有发言的机会。

讨论开始前教师可以要求学生先在笔记本上列出自己的观点，不仅要写出理由，还要给出依据。

然后教师要求学生提交笔记本，对他们的观点做出批改。依据教师批改后的内容发言，学生也会更有自信。

如果学生还没有形成明确的观点，教师或许感到心急，但此时我们需要耐心等待。这一过程对教师来说也是一种考验，我们需要对学生的知识储备有足够的信任，信任学生有能力得出自己的观点。

互相点名
由作答完的学生指定下一位发言者。

自由发言
让学生自愿起立,自主发言。

小组代表发言
小组讨论完毕后,由其代表发言。

按日期点名
根据相应的日期、月份等,指定学号。

技能期的技巧⑦

讲解

讲解的要点

尽管我们在课堂上会鼓励学生积极思考，但并不是要求他们面面俱到。备课的内容往往以课本为基础，我们可以将其划分为需要学生自主发现的部分和需要教师讲授的部分。

这两部分学习内容中，需要学生自主发现的部分就是"学生如果自己能够领悟与发现，将会很有意义的知识"；需要教师讲授的部分就是"学生自身难以发现却必须要掌握的知识"。

需要教师讲授的部分往往包含了法则、原理等，这些都需要我们通过清晰的讲解，加深学生的理解。这就要求教师具备将知识讲解得通俗易懂的能力。

展示错误案例
向学生展示错误案例，使学生明白"错在哪里"。

有同学犯了这样的错误。

展示优秀案例
再现优秀学生的做法，引导其他学生思考其优点。

A 同学的解法好在哪里？

$$\begin{array}{r} 12 \\ \times 37 \\ \hline 84 \\ 36 \\ \hline 444 \end{array}$$

对比
提出两种做法，让学生进行比较。

大家比较一下这两种技巧的不同。

慢动作
慢慢演示给学生看。

这个字的第一笔要微微上扬。

图、表
展示图或表,并加以讲解。

请看这个图。

确认
确认学生状况。
· 可以开始吗?
· 到这里听懂了吗?
· 那么,答案是什么呢?
· 式子会变成什么样呢?

意思是……到这里听懂了吗?

三明治结构
按照"结论→理由→结论"的顺序讲解。

结论 ➡ 理由 ➡ 结论

列点
提前列出要点的数量。

卷身上单杠的要点有3个。一是夹紧手臂,二是注意脚的位置,三是注意踢腿的方向。

停顿

在讲解重要内容前，刻意做长时间的停顿。

压低音量

故意压低音量，吸引学生的注意力。

提高音量

突然提高音量，营造紧迫感，吸引学生的注意力。

再次总结

用一句话再次强调重点。在大段的讲解后，简明地总结一下，效果更佳。

技能期的技巧⑧

板书

板 书 的 要 点

板书最重要的功能是记录。我们可以通过板书归纳和整理讨论的内容及建议。**此外，它可以推动讨论的进行。**

教师在黑板上写下讨论的内容，激发学生参与讨论的积极性，帮助学生建立起"大家都在思考同一个问题"的情感联结。板书可以将讨论的内容可视化，增强团队合作的意识，提高讨论的质量，并促使大家共享讨论的过程。

恰当的板书，可以使全局一目了然，直观地展示出每个人的想法以及想法间的关联性。这有助于学生准确地定位讨论的方向，明确需要讨论的内容、对话流程及要点。此外，教师需要站在学生的角度考虑板书"能否引发学生的思索""是否易于理解"等。

问题式学习的板书的基本形式

问题式学习的板书的基本形式是将黑板分为 3 个区域。

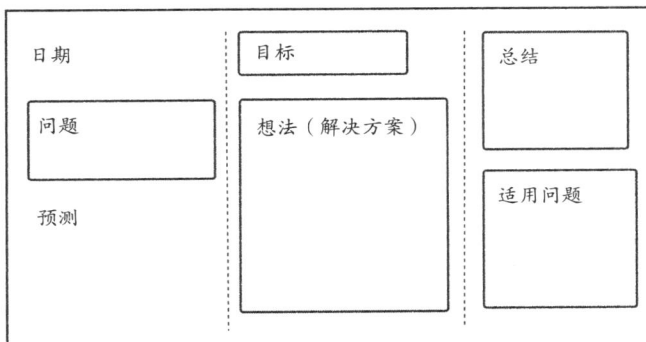

日期	目标	总结
问题	想法（解决方案）	适用问题
预测		

双面板书

问题有两种解决方案时,使用双面板书方便比较。

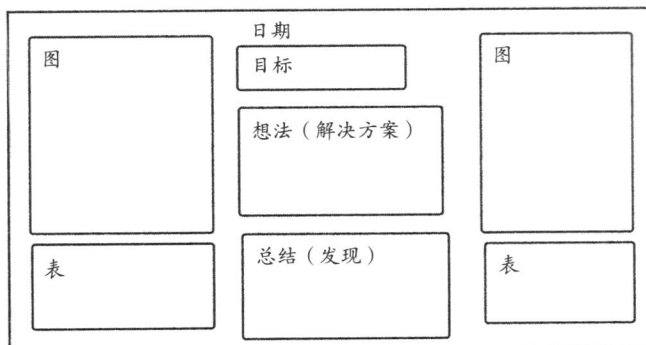

	日期	
图	目标	图
	想法（解决方案）	
表	总结（发现）	表

对比分析

通过比较上下左右的观点，理清差异，培养学生将信息串联起来思考的能力。有些问题可以比较 3~4 种观点。

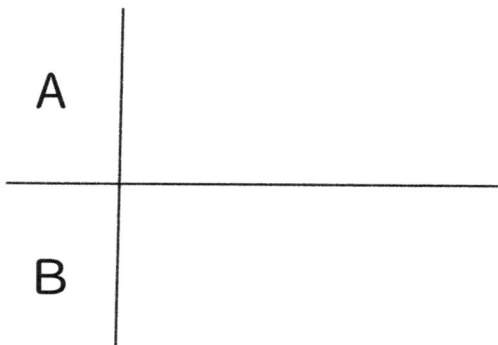

A

B

分类讨论

对学生的陈述进行分类，培养他们思考"具体与抽象之间的关系"的能力。可以事先预判学生的观点，先设定几个类别，这样无论学生发表何种观点，教师都能很好地安排板书。

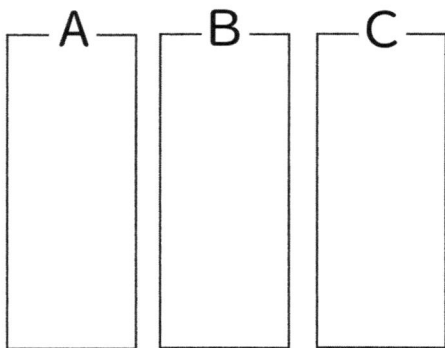

A　　　B　　　C

对白框
将学生的意见或即兴表达的看法写在黑板上。

分条书写
这种形式可以尽可能多地记录学生的观点。教师也可以让学生自行到黑板前书写观点，将内容纵向排列，以避免拥挤。

让我们来一起思考……的问题

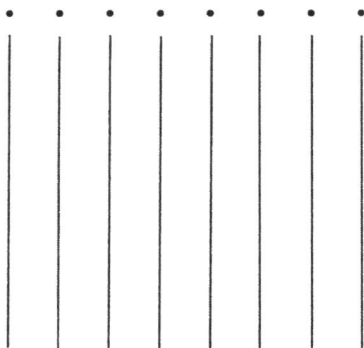

文氏图

用文氏图来整理观点，可以培养学生发现不同点与相同点的能力。教学中教师需要引导学生关注不同观点存在交集的部分，这样教学效果更佳。

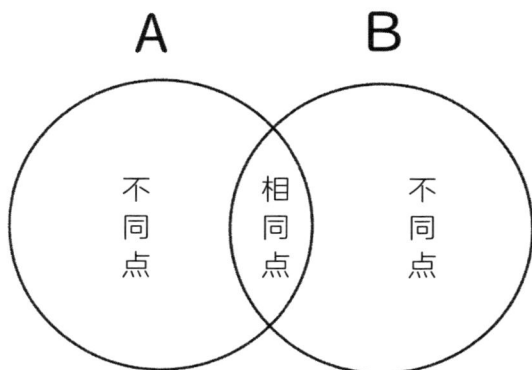

A   B

不同点   相同点   不同点

线索图

这种板书可以帮助学生把握人物关系的线索，提升学生解析整篇文章大意的能力。我们在拆解记叙文时，可以多采用这种板书。如果再结合一些简单的插图，就更能激发学生的兴趣。

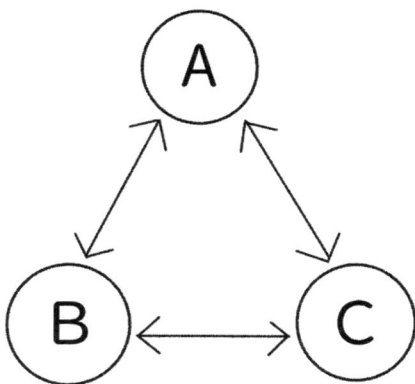

A

B   C

环形图

通过环形图直观地展示出各个要素间的循环型结构，培养学生根据已有的信息进行逻辑推理的能力。这类板书适用于解析含有重复性内容的问题。

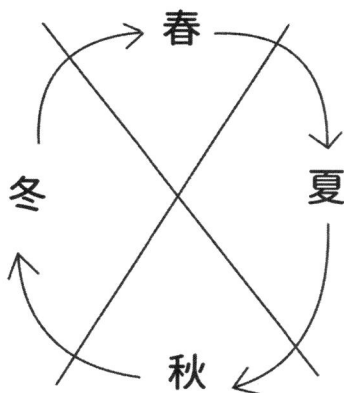

线段图

将想法数值化，并用线段图的形式表现出来，引导学生交流，这有助于帮助学生发现自己与他人想法的微妙差异，培养学生从不同的想法中找到共性的能力。引导学生将自己的姓名磁贴放到相应观点的位置上，这种线段图可以帮助学生更直观地理解自己的观点所处的位置。

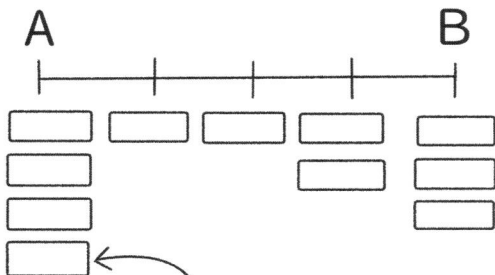

将姓名磁贴放到与自身想法
相对应的位置上。

联想图

让学生针对某一问题发散思维、展开联想。教师可以先向学生提出"你想到了什么？"这个问题，来引出后续的活动。

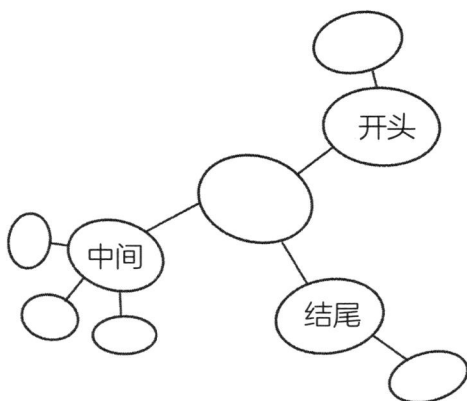

水母图

用于收集某事物的相关信息。教师可以将所有的相关信息都填写到代表着水母触手的圆圈中，再从中选取所需的信息。

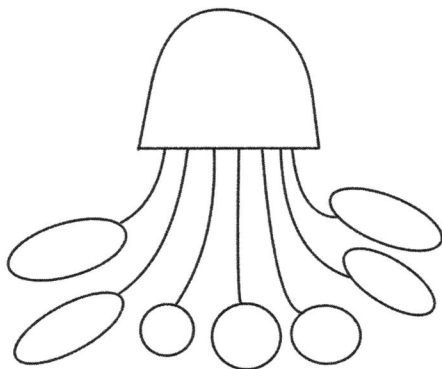

技能期的技巧⑨

做练习题

请大家运用今天所学的知识解答练习题。

做练习题的要点

在课堂的尾声要设置练习时间。

练习题可以供学生检验自身对所学知识的掌握程度。这些练习题旨在启发学生以自己的思维理解和总结课堂上所学的知识。

在技能期，无须过量练习，我们要将练习题控制在10分钟内可以完成的数量。如果有学生在解题过程中遇到了困难，那么就说明他们尚未完全理解当日所学的知识。教师需要对这些学生给予更多的关注，并留意他们在下节课时的表现。

如果课堂时间紧张，教师可以要求："做完的同学提交笔记本后就可以休息了。"这样教师便可以及时发现有问题的学生，进而提供帮助。

技能期的技巧⑩

反思

我们回顾一下今天学过的知识吧。

我们今天学了什么呢……

反思的要点

课堂结束时，教师需要给学生预留反思的时间。

反思并总结课堂中所学的知识，这个过程称为"回忆练习"。

在技能期，我们可能无法分配过多的时间在此项上。如果条件允许，可以在课堂结束前的3~5分钟，引导学生进行回忆。

设置这样的回顾时间，有助于学生反思自己的学习方式，并设定下一阶段的学习目标。

同时，反思可以提升学生的自我调节能力。

教师要关注学生的反思过程，确认学生能否实事求是地评价自己的学习情况。

文字化
让学生以写文章的形式,总结课堂上所学的知识。

我今天在课堂上学习了……

分数化
让学生运用 4 分制的打分方式,评估今天的学习表现,并注明理由。

今天的学习表现可以打 3 分。因为……

用表情表示
让学生从多个面部表情中选择一个与今日学习情况相符的表情，并涂上颜色。

今天表现不错，选这个笑脸"☺"吧。

用涂色表示
让学生用涂色的方法来表示对今天学习情况的满意度。在方格纸上绘制一个正方形，用红色铅笔填涂：如果非常满意，就涂满；如果不太满意，就涂一半。

今天的内容学不太懂，那就涂一半吧。

技能期的技巧⑪

思维工具

让我们将今天学习的内容用思维导图来归纳一下吧。

联结

回形针
勺子

夹住

一次性筷子
吸管
橡胶

思维工具的要点

思维工具（Thinking tool）对于提升思维能力至关重要。**它是一种简明的图形架构，能以具体形象呈现出我们内心的想法。**当我们将内心的想法及逐渐形成的思考用易于分享和理解的视觉形式展现出来时，不仅能够让我们自己的思路更清晰，也能够使他人更直观地了解我们对问题的看法。

思维能力较弱的学生，常常会感到困惑和迷茫，不知该如何解决问题或抓住关键线索。只要将这些琐碎的信息用各种思维工具表示出来，学生就能更直观地确认自己的想法。教师再据此进行反馈，就可以帮助学生找到恰当的思考方法。

XYW 图

适用于在某个限定的区域内，多角度地研究某一对象。在不同的区域运用不同的视角，视角的设定取决于课程的目标。可以用"Y""X""W"分别表示 3、4、5 个视角。

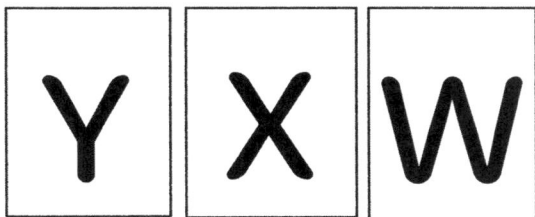

Y　X　W

流程图

适用于对观点、主张或活动进行排序。它可以明确所需采取的步骤、展现事物的发展变化或阐释流程。

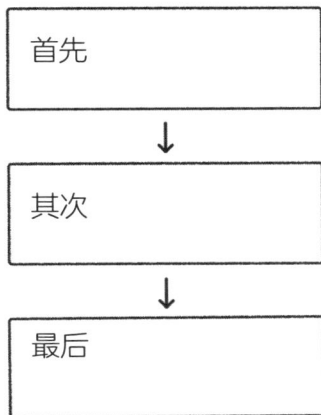

首先

↓

其次

↓

最后

水母图

可用于按顺序列出与某一事物相关的词语，也可用于寻找主张的依据来"说明理由"。

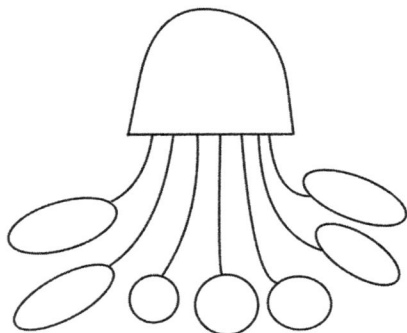

金字塔图

可以从底层部分开始填写自己所了解到的信息和观点，信息的重要程度由上而下依次递减，在顶层部分写入自己认为最重要的内容。

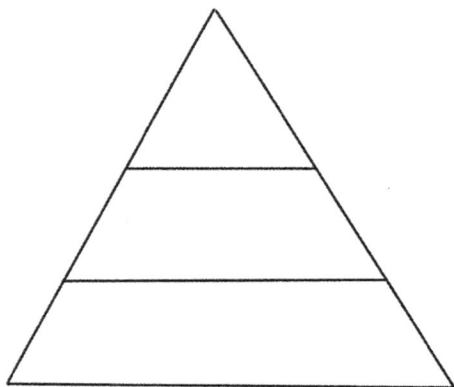

联想图

用于扩展思维。在中心写入一个主题，然后在周边填写与之相关的 1 级内容，继而将相关的内容扩展到 2 级内容、3 级内容。

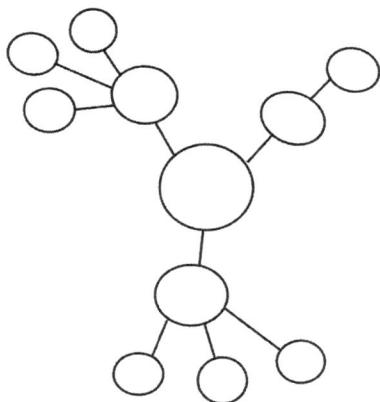

文氏图

用于对比两种事物。在将 A 与 B 做对比时，可以将两者的共同特征写入两个圆的重叠区域，而在非重叠区域分别标出仅属于 A 或 B 的独有特征。

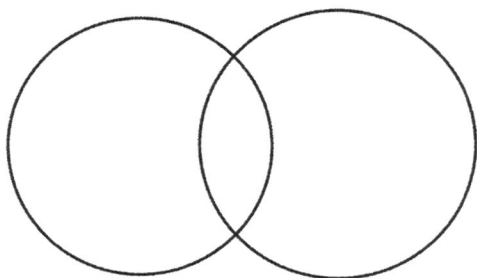

观察学生

当学生在课堂上发言时，我们应关注哪些地方？

发言的学生处于所谓的"阳光地带"。 他们积极发言，试图解释自己的想法，获得他人的理解。此时，我们无须给予他们额外的监督或鼓励，因为发言者此时已经成了全班的焦点。**可以说，他们已经实现了自我价值，获得了充分的回报。**

那么其他的学生呢？此时，他们不是主角，所以可能望向别处、做小动作、发呆，心里想着："老师只关注发言的人，完全不管我们。等那个同学发言结束后，还会有其他人举手，老师的注意力又会被其他人所吸引，老师总是肯定那些发言的人。"

因此，当有人发言时，我们反而需要多关注那些没有发言的、处于"阴影地带"的学生。 教师可以从以下几点对他们进行观察和评价。

· 没有发言的学生是否在关注着发言者？

· 他们是否在点头或歪头专心倾听？

·他们是否在认真聆听、做笔记?

·他们是否在向外张望、做小动作或有其他不专心的行为?

·他们是否真正理解了发言者所讲的内容?

通过观察,我们可以对学生进行表扬、鼓励、警告或提醒,以引导全体学生积极参与课堂活动,避免出现仅有少数学生积极参与课堂互动的现象。开展生动活泼的教学活动需要全体学生的参与。

第 3 章

熟练期的教学设计

何谓熟练期

熟练期的目标在于使学生巩固在技能期所学的知识与技能。

在这一阶段，学生可以协作解答基本问题，磨炼各种基本技能。在小组内，大家可以充当彼此思维的"脚手架"。教师可以让学生每隔2~3天进行一次练习，即所谓的"间隔练习"。

在熟练期，学生需要完成大量的练习与课题研究。语文、数学、理科①、社会②等科目，都需要教师为学生提供充足的各类练习材料。对于涉及实用技能的科目，学生还要进行实用技能方面的练习。这就是"多样化练习"。

在解决各类问题的过程中，学生难免会遭遇"失败"与犯下"错误"，这其实是非常重要的。因为通过犯错，他们可以发现自身的不足之处。学生在解决问题时，需要回忆技能期所学的知识，即我们所说的"回忆练习"。在学生完成课题任务后，我们要督促他们着重学习易错的

---

① 理科属于日本课程体系中的一个科目，包含了物理、化学、生物等学科。——译者注
② 社会相当于将地理、历史结合起来的科目。——译者注

部分。

　　在熟练期的初期，我们应积极开展学生间的互助学习。大部分学生会在同学的帮助下逐步掌握所学的知识。

　　或许有人会质疑："你不觉得那些总是被教导的学生很可怜吗？"**但课堂教学的初衷本就是帮助学生提升应对未知的能力，即使无法完成，也是正常现象**。很多时候，都是周围的人认为那很难堪。**我们要让学生意识到，重要的不是"现在我能否做到"，而是要抱有"今天我虽然做不到，但明天我依旧会朝着目标努力"的决心**。在进入熟练期的课程之前，我们可以事先向学生说明教学目的。

　　然而，仅仅依赖学生间的互助学习可能依旧不能解决所有问题，有些学生得不到他人的帮助，而有些学生会抄袭他人的答案。因此，我们需要深入了解哪些学生未完成学习目标。如果有学生未完成，我们需进行个别辅导，确保学生能够逐渐掌握。因此，教师要为熟练期预留出足够多的时间。

　　经过熟练期的努力，学生的学习能力将大幅提升。因为通过设定熟练期的练习，学生的解题量可能会达到原来的10倍以上。他们采用多种方式练习考试题目，由于经过了大量的试错，所以解题会越来越得心应手，使他们能更轻松地取得满分。

此外，我们可以在熟练期充分利用电子设备。AI会帮助学生精准地定位那些他们仍未掌握的知识，以便学生重点学习。

学生需要将在技能期所学的知识，在熟练期充分地巩固。技能期与熟练期共同构成了掌握知识的重要阶段。

熟练期的技巧①

磁贴学习法

磁贴学习法的要点

　　这种方法的具体操作如下：学生用磁贴标记个人所处的位置，在完成课题后移动磁贴的位置。由此可以营造出有利于互助合作的学习氛围。

　　如果存在4种解题方法，可以先将它们一一罗列出来，并以姓名磁贴标明归属。这样学生可以了解到谁与自己的思路相同，而谁又与自己的思路不同，他们可以向与自己思路不同的同学请教。

　　至于磁贴的形式，我们可以使用姓名磁贴，也可以制作独具特色的吉祥物磁贴，或是用数字磁贴（在圆形磁铁上写上1、2等数字）代表不同的小组。

小组磁贴法
以小组为单位开展活动。等全体学生都完成课题后，移动小组磁贴，进入下一个活动。

全体都完成了！

这里这样做。

完成！

小组分阶段磁贴法
以小组为单位开展活动。在黑板上标出活动的顺序和序号。等全体学生都完成后，移动小组磁贴。

全体都完成了！

挑战下一个阶段！

这里是这样的。

熟练期的技巧②

帽子学习法

完成了！

帽子学习法的要点

　　它属于磁贴学习法的"帽子版"。**针对指定的课题，如果学生能完成就将帽子翻转，以直观展现完成情况。**

　　在答题前，我们可以让全体学生戴上小红帽。相较于磁贴法，这种方法操作起来更加方便，学生无须走到黑板前就可以用帽子做表示。不过，在教室中戴帽子可能略显尴尬，因此这种方法更适合在低中年级使用。如果像小黄帽一样，遇到帽子的正反两面颜色一致的情况，我们可以要求学生"做完了就摘掉帽子"。

　　这一方法在体育课上也同样适用。例如，教师可以要求"已经掌握了跳马的人可以戴上小红帽"，这样完成情况就一目了然了。此外，这一方法能促使会做的学生指导不会做的学生，发挥互助作用。

小组帽子法
学生完成题目后可以将帽子翻过来。帮助小组中还没有翻转帽子的同学，为他们讲解。

小组阶段帽子法
全体组员完成一项任务后，将帽子翻到红色的一面，再完成一项，全体组员摘掉帽子。

熟练期的技巧③

探索学习法

探索学习法的要点

这是一种促使学生自己在力所能及的范围内进行探索学习的方法。学生可以通过大量练习，逐步形成良好的学习习惯。学生通过理解课本、学习材料积累经验，进一步加深熟练程度。

我们可以准备8套不同类型的题目，打印到B5尺寸的纸上，让学生在一小时内根据自身的进度答题，直到自己无法解答为止。如果学生能迅速完成，则可继续进入第二轮，甚至第三轮。因此，打印的材料份数可以略多于班级学生人数，约为总人数的1.5倍为宜。

某些学生可能重复出错。教师可以要求学生在完成某道题后提交，随时订正确认。如果学生的学习能力存在差异，那么他们解题的进度可能出现较大的差距。因此，最好等全体学生的进度趋于一致时再做练习。

我们可以通过要求学生进行大量练习，使其逐渐形成潜意识记忆。

在后方黑板上核对答案

教师可以将问题写在教室前面的黑板上，将答案写在教室后面的黑板上，要求学生答完后转身核对答案。

① 48　② 23　⑦ 42　⑧ 18
　+17　　+19　　+59　　+34

③ 54　④ 37　⑨ 28　⑩ 11
　+18　　+15　　+□□　　+24

⑤ 91　⑥ 12　⑪ □□　 25
　+ 8　　+ 9　　+□□　+15

① 65　⑦ 101
② 42　⑧ 52
③ 72　⑨ 89
④ 52　⑩ 35
⑤ 99　⑪ 101
⑥ 21　⑫ 40

我做到第6题了。

再次挑战课本题目

要求学生再做一遍已经做过的课本上的题目，并与小组成员逐一确认。由于这些问题已有答案，只需查阅笔记就能找到答案。如果学生仍有疑惑，可以参考讲台上的课本。

第三题不会。啊，这样做啊！

熟练期的技巧④

按熟练度分组学习

快速解答组

共同商量组

慢速解答组

按熟练度分组学习的要点

　　我们可以根据学生的熟练度让他们进行分组学习。这种方法不同于传统的将全班分为两大组的做法，而是**根据学生个人的学习速度以及学习内容、目标进行分组**。这能够使学生以适合自己的速度学习适合自己的内容，有助于他们提高熟练度。

　　还要注意分组时不要强调各组的优劣，因为解题迅速的学生也有可能错误较多，反之，解题稍慢的学生可能正确率高。归根结底，分组是为了让学生以适合自己的速度完成适合自己的题目。如果一些学生希望与朋友分到同一组，教师则需要先向学生说明学习的目的，再开展分组学习。

按解题速度分组学习

将学生按解题速度划分为几组，小组分别以"车厢"命名。解题速度快的学生到 1 号"车厢"，速度慢的到 4 号"车厢"。如果椅子不够，可以向附近的同学借用。

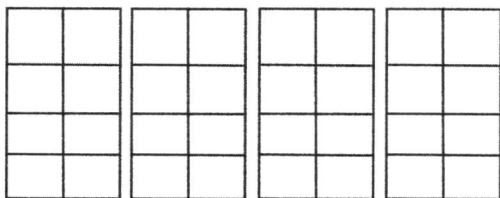

講台

慢 ←——————→ 快

按难易度分组学习

每个"车厢"会分到的问题难度不同。从易到难有 4 个不同的难度级别。同组的学生可以互相学习，以便大家都能理解问题。

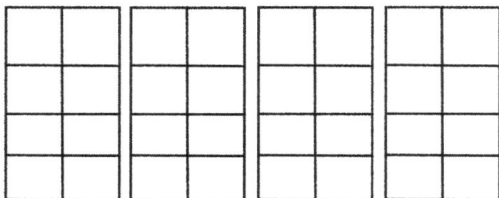

講台

易 ←——————→ 难

按问题点分组学习

根据学生存在的不同问题划分小组。不同"车厢"中的学生都需要学习自己不擅长的部分。在体育等以练习实用技能为主的科目中，学生可以互相分享动作要领。

不擅长在圆形中画等边三角形	不擅长画圆形	不擅长画等边三角形	不擅长画等腰三角形

讲台

按学习目标分组学习

将学生根据不同的学习目标分成不同的小组，让学生参与到符合其学习目标的活动中去。

想学习如何使用电流表	想了解电磁铁的强度	想了解电流的大小	想了解电流和电磁铁的知识

讲台

熟练期的技巧⑤

小测试和自习

你不擅长这种计算，好好复习一下吧。

好的。

小测试和自习的要点

让学生先进行小测试，然后由教师打分，学生再针对自身的薄弱环节进行强化练习。

在小测试中，答完的学生按照先后顺序排队，等候教师打分。我们要对全体学生的答案进行打分，以便清晰地掌握所有学生对知识的理解程度。在熟练期的学习中，我们要做到精准把握每个学生对知识的理解程度并非易事，而设置小测试环节则有助于我们把握学生的真实状况。

至于测试的试题，我们可以使用配套习题，如果没有，则需要自行准备与正式考试题目类似的试题材料。

这项测试适合在熟练期结束时进行。我们可以将其视为"知识、技能的最终检验"。如果学生不能做到按时完成测试，教师则需要在休息时为其提供个别辅导，以确保他们能熟练掌握知识。

小组测试学习

小组以获得满分为目标进行学习。全体组员有足够的信心后，就参加测试，找教师评分。

完美测试学习

学生反复解答同一份试卷，直到可以做到满分为止，之后总结自己的易错点。

熟练期的技巧⑥

个别辅导

个别辅导的要点

在熟练期，教师需要着重关注那些无法独立解决问题的学生。**教师应当辅导那些还没有达到相应技能水平的学生，以帮助他们逐步掌握相应的技能。**

首先，我们需要密切关注全体学生的学习动态，在课堂上巡视并观察每位学生的学习进度。其次，当发现出现错误或暂停解题的学生时，我们应停在其身边进行辅导。如果学生试图自行解决，我们可以暂时离开，在远处给予适度关注。

在逐个检查每位学生的状况的同时，教师要顾及班级整体的进度。针对个别学生进行辅导时，教师可以先给予提示，待其正确掌握后再离开，以此类推检查每个学生。间隔一段时间后，教师需要再次检查其学习进度，并持续提供必要的辅导。

先行演示做法
先把问题解答出来给学生看，随后擦掉。

按照我刚才做的那样再做一遍。

写一半做提示
用红笔写出一半的词或公式，做提示。

我写开头，你继续往下写。

减少题量
让学生少做一些题。

努力做到第 3 题吧！

① ——
② ——
③ ——
④ ——
⑤ ——

展示表格
将九九乘法表等展示给学生看。

我忘了。

看着表格来回忆一下。

学习与食物摄入量的关联性

　　课堂效果好且学生参与度高的班级可能具备这样一个特点：**学生的饭量增加**。

　　我们大脑的重量约占体重的2%，然而其能量消耗却高达人体总的能量消耗的20%，相当于其他器官的10倍。大脑唯一的能源来自葡萄糖。如果大脑像身体其他细胞一样将多种物质作为燃料，那么将会产生有害的代谢废物。大脑将葡萄糖作为能量来源时，只产生水和二氧化碳，此外没有其他任何物质，葡萄糖可以称得上是非常清洁的能量来源。

　　人在用脑时之所以会感到饥饿，是因为血液在大脑中循环，而我们会感知到葡萄糖浓度的变化。 用脑过程中，葡萄糖会逐渐减少。如果其浓度降至极端水平，大脑神经细胞就会因缺乏能量而迅速死亡，这极其危险。为避免此类情况发生，当葡萄糖浓度降至一定水平时，大脑就会发出"饥饿"的求救信号，这是大脑的保护机制之一。

因此，集中精力学习的学生很可能容易感到饥饿，饭量增加。但这并不意味着让学生增加饭量，就可以成就优秀的班级。我们作为教师，要以打造"能够让学生感到饥饿"的课堂为目标而努力。

第 4 章

活用期的教学设计

何谓活用期

在活用期，学生要做到：灵活运用思考和表达解决各种问题，并能够以个性化的方式呈现成果。

该阶段的主要目标是引导学生将所学的知识与技能融会贯通。在这一阶段，学生将运用在掌握阶段（包括技能期和熟练期）学到的知识与技能，积极参与多样化的学习活动。

通过这种方式，学生所学到的知识和技能得以获得整合，从而形成坚实稳固的知识体系。此外，这些内容会与个体的身心感受和体验紧密相连，变得更加清晰。而且学生可以在此阶段从不同角度重新诠释所学内容，知识更加立体，学生感受也更加鲜活。

活用期的关键在于教师需要精心设计解决问题的单元，明确一个核心活动。这里所说的课题并不是每个课时设定的小课题，而是贯穿整个单元的大课题。教师需要引导学生在核心活动中集中精力深入思考、作出理性判断并积极发表自己的观点，以便出色地完成课题任务。

很多单元的核心活动是演讲、作品展示、现场演示以

及实际操作等。这是因为在以解决问题为导向的学习过程中，最终的成果往往需要学生通过表达个人的思考和判断来实现。 如果仅仅完成了思考或判断而不做展示，那么学习过程就不完整。学生通过在核心活动中的展示，可以更精确地阐释思考和判断的结果，从而实现深度学习。

　　为了使学生能够切实地进行自主学习、与同伴合作解决问题并创新地展示学习成果，教师需要在单元层面上合理分配时间，并采用以解决问题为核心的教学设计策略。

　　不同的科目整体课时不同，完成一个单元的教学所需的课时也不尽相同。

　　首先，我们要对课题进行深度思考，确保其内容有足够的吸引力。如何制订理想的学习课题？我们可以参考如下7项内容：

---

　　①加入意外或转折，引起学生的兴趣：

　　　　"思考一下……的原因。"

　　②询问"为什么"，使学生深入思考并给出明确的

　　　　理由和依据：

　　　　"为什么会……呢？"

---

③将课题由思考类进一步转化为分析说明类：

　　"请你说明一下变成……的具体原因。"

④引导学生通过对比去理解问题的本质：

　　"对比这些图，来说明……的原因。"

⑤增设趣味性的实际操作与亲身体验活动：

　　"用……来做……吧。"

⑥营造创作作品的氛围：

　　"让我们来画一画……做一做……"

⑦设计活用型学习课题：

　　"让我们利用这个原理来制作……"

相反地，不应设置以下类型的课题。

①照搬单元名称：

　　"了解国家知识。"

②照搬书上的活动：

　　"了解……"

③照搬学习内容：

> "调查……"
> ④照搬问题：
> "试着解答这个例题。"

在活用期内，学习的重点是融会贯通后的应用。也就是说，**我们不能简单机械地复制问题及技能，**而要引导学生学会应用知识解决问题。

例如，我们如果希望提升学生在写作时谋篇布局的能力，就应该鼓励他们自己去编写冒险类的故事，而不是空洞地说一句"请将文章写得更优秀"；我们如果希望学生关注食物的营养，就可以建议他们亲手为家人做满分的营养餐，而不是轻飘飘地说一句"请思考一下食物的营养问题"。

教师最好能够设定具体的活动任务，使学生活用所学的知识及技能。通过这种方式进行学习，学生能将所学的知识及技能与实际应用场景紧密结合起来，最终拥有自由运用的能力。

接下来，本书将对各个学科的促使学生活用知识的方法进行详细解析。教师可参照以下示例来设定各单元的应用学习活动。

语文课的实践活动

在语文教学中，**提升学生写作能力的核心活动主要是写作文，如写说明文、记叙文及散文等；提升学生表达与倾听能力的核心活动则主要是演讲、课堂讨论及辩论等。**然而，提升学生阅读能力的核心活动在设定上却存在一定的难度。这是因为，如果只是让学生机械地阅读课本或相关作品，无法真正做到帮助学生提升阅读能力。

因此，**教师不宜设置单纯的阅读活动，而应将能深化阅读理解的衍生活动作为核心活动，这样会更具效果。**例如，可以要求学生在理解主人公的情感变化后进行朗读分享；鼓励学生在了解人物心境后，给主人公写一封信；要求学生编写原文中没有被描写的时间段的故事，以此来捕捉人物的内心变化等。

● 创作记叙文、诗歌、说明文、评论、散文、社论；

● 开展研讨会、小组讨论、集体朗诵、朗诵展示会等交流活动；

● 设计书籍腰封、写介绍文及读后感、创作绘本；

● 表扬发表了"独家观点"的学生。

数学课的实践活动

阐述问题的解决方法；制作立体模型以检验解法的正确性；学生互相出题并解答；展示正确答案。以上这些都可以作为单元的核心活动。

此外，活用期的学习有助于提升学生解决问题的能力。鉴于学力调查[①]中的B类问题[②]要求学生运用所学知识解决新课题，因此在课堂上开展提高活用能力的学习活动，显得尤为重要。

设定的学习目标需要适当高于常规课堂教学标准，教师要全力帮助学习能力较弱的学生解决困惑，确保每一位学生都能有收获。

在某一学科中学习到的具体知识，也可以用于解决其他学科领域的课题。如：利用数学课上学到的"制作图表"的方法来统计"运动中受伤的人数"。

---

① 日本每年会对全国中小学生进行学力抽样调查，分析和确定学生历年学力状况的变化，利用调查结果验证和改进教育政策。——译者注
② 数学的学力测试包括考查知识的 A 类问题和考查应用能力的 B 类问题两大类。——译者注

●解决活用问题（包括论证、说明及讨论）；

●解决实际生活及其他学科领域的问题（如测量建筑物的高度、估算数量等）；

●运用数据进行调查研究；

●编制并展示算数绘本、报纸及报告。

理科课的实践活动

在理科课中，单元学习的核心活动不是实验、观察和调查活动本身，而是通过深度讨论及撰写报告来验证假说。这将确保实验和观察不会停滞在单纯的体验和实践阶段，而是可以切实地提升学生假设、验证等方面的素质和能力。

●编写、展示并讨论理科报纸与报告；

●通过调查与实验验证假说；

●运用理论进行验证（如解析生物进化机制、推导血型、运用及阐释遗传定律）；

●开展报告评论会。

社会课的实践活动

在社会课中，单元核心活动也不是调查活动本身，而是撰写研究报告。调查活动不应单纯地停留在体验层面，而是要以提升学生的逻辑说明能力为目标。

● 编制并展示社会小报、社会报告，同时开展相关讨论；

● 收集各种素材，对社会事件进行剖析；

● 借助区域实地调查数据，对假说进行验证；

● 开展报告评论会。

外语课的实践活动

外语课主要是为了提升学生的语言应用能力，与语文课一样，它需要锻炼学生表达思想和传达观点的能力。教师可以开展诸如英语猜谜大赛、英语的校际和国际交流活动等。

●演讲；

●用英语撰写记叙文、说明文及评论等；

●开展说明会、辩论赛、小组讨论等交流活动；

●组织短剧、歌唱、集体朗诵、角色扮演、制作纸偶剧等展示活动；

●组织采访活动。

音乐课的实践活动

教师可以以各类节日庆典及庆祝仪式的举行为契机，鼓励学生开展作曲等活动。我们可以开展演奏会或发表会，为促进学生的深度学习而推动相关活动。

●举办演奏会；

●灵活运用节奏开展创作活动；

●为电影和动画作品创作背景音乐，并举行演奏会；

●鉴赏多首乐曲。

图画手工课的实践活动

　　图画手工课[①]的大部分内容都致力于培养学生的动手能力。教师需要以"如何引导学生活用已掌握的知识和技能"为出发点进行课程设计和单元组织。在此期间，学生可运用在技能期所学的表现技法，创作出自己的艺术作品。

●活用特定的表现手法进行创造表达；

●鉴赏多个画作和手工艺品；

●开展跨年级的体验会；

●筹划并举办展览会。

---

① 图画手工课相当于美术课。——译者注

家政课的实践活动

经过实践后，学生将深入学习如何灵活运用技能。最重要的是，教师应借此促使学生重新审视家庭生活。

● 运用基础模型创作作品；

● 根据日常生活的调查研究，撰写报告并进行展示和讨论；

● 依照 PDCA 循环①实施和改善实践活动；

● 总结各种技巧。

---

① PDCA 循环指的是质量管理的 4 个阶段：计划（Plan）、实施（Do）、检查（Check）和调整（Act）。——译者注

体育课的实践活动

　　体育课中的实践活动，主要目的是通过探索比赛策略等基础知识，引导学生对运动进行深入思考。特别是具有表演性质的体育活动，学生可以将其灵活运用，与其他科目及日常生活相结合。

●以战略为基础的比赛（球类运动）；

●表演展示（器械运动）；

●有计划的运动与调整（塑身运动）；

●灵活地运用基本舞步创作舞蹈（表现运动）；

●测量评定纪录（田径运动、游泳运动）；

●撰写与保健领域相关的课题报告，并进行展示和讨论。

道德课的实践活动

道德课①中，教师可以要求学生在了解基本知识后，绘制思维导图，鼓励学生将知识串联起来，集结成册，也可以制作手抄报。

●绘制思维导图；

●创作道德作品集；

●制作道德主题的明信片、手抄报；

●开展明信片、手抄报交流会。

---

① 道德课相当于我国的道德与法治课。——译者注

活用期的技巧①

回忆已有的知识与技能

可以用到至今为止学过的哪些知识呢？

回忆已有的知识与技能的要点

　　在这一阶段，学生必须明确哪些已学的知识和技能可以用于解决新问题，同时要努力回顾这些知识与技能。 如果在技能期和熟练期没有充分巩固知识，则应该在本阶段再次进行复习。

　　掌握得不够扎实的学生在面对实际应用问题时，会感到迷茫，产生一种似懂非懂的感觉。换句话说，他们不知从哪里着手、如何着手。

　　因此，在这一阶段，我们可以帮助学生制订一套运用知识与技能的规划和行动策略。教师可以要求学生在笔记本或记录表中，设置一个名为"我的行动策略"的结构框架，绘制一个初步的解决问题的思维导图，里面可以包含使用的知识和技能，以及应用这些知识和技能解决问题的顺序和具体方法等。

将已知的信息标注到问题句的旁边，使之成为线索，与同学相互讨论。

因为是立方体，所以每个面都是正方形

有一个立方体盒子，
要将它的每面都贴上彩纸，
一共需要多少平方米的彩纸？

"每面"的意思是指所有的面

总共有6个面

为了能够解决实际问题、为了巩固基础知识而完成简单的问题。

简单的问题

做完了！

难的问题

卡片法

它是解答应用题的有效技巧。学生在面对应用题时需要对问题结构进行深度剖析。借助卡片，学生可以从以下 5 个方面对问题进行梳理分析：已知信息、未知信息、可能用到的信息、与以往问题的差异以及接下来要求解的内容。然后，以简便的方式快速解决问题。

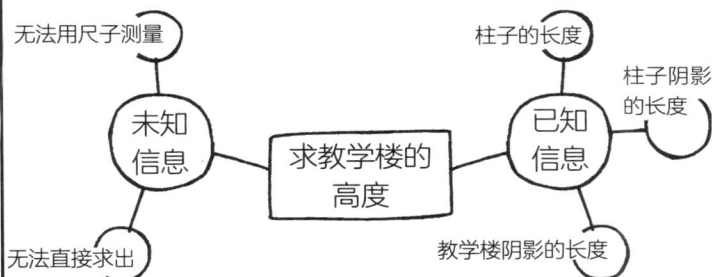

无法用尺子测量

柱子的长度

柱子阴影
的长度

未知
信息

求教学楼的
高度

已知
信息

无法直接求出

教学楼阴影的长度

调查以往的研究

要求学生调查以往的研究，收集制作作品时所需的信息，在此基础上决定自己要制作怎样的作品。

制作一个什么样的作品呢?

这种感觉不错。

原来还有这样的研究。我去调查一下。

活用期的技巧②

解决、创作、实践

使用之前学过的"湿画法"技巧。

解决、创作、实践的要点

在此期间，学生要将自己与他人的想法进行比较，纠正自己的不足，并互相吸取经验。此外，学生要积极参与各类活动，相互肯定彼此见解中的优点。这些活动有助于他们完善自己的思维方式。同时，能让他们接触到各种不同的观点，培养灵活思考的能力，并在必要时调整学习模式。

教师需要关注整体进程，检查个人和小组活动是否停滞不前。有时需要暂停活动，请表现优秀的小组进行演示。让学生分享有价值的信息，可以提高全班的学习质量。

三段式思考法

准备一张包含阶梯式框架的记录表或类似的表格，要求学生详尽地阐述解决问题的 3 个思维步骤，可以适当地加入相关公式。重要的是以此来锻炼学生运用清晰的论述语言准确地阐述自己的思考步骤及决策依据的能力。

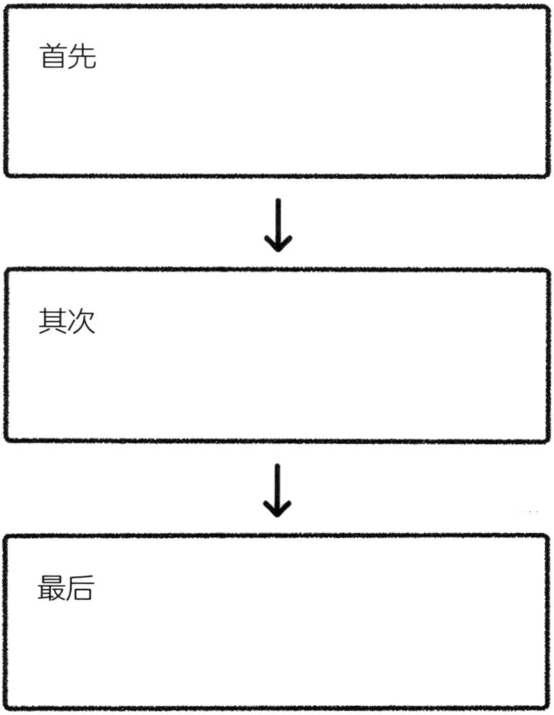

首先

↓

其次

↓

最后

拼图法

在小组中，为每个组员分配不同的课题及问题，让被分配到同样课题或问题的学生聚到一起协作解决，最后将所获成果带回原小组进行分享。

特派员法

选取几个学生作为特派员，去聆听其他小组的讨论，做采访，从而了解新的想法以及其他小组与本小组观点的差异。4 人小组可以派遣两人到其他小组交流，另外两人则留下来负责向其他人阐述本小组的观点。在规定时间内，特派员返回后会继续参与本小组的讨论。

制作要展示的作品

学生将观点梳理、细化后，以小组的形式制作研究报告、手抄报、新闻评论等作品。

· 写文章

· 做展示图

· 写报告书

· 制作实物

· 做手抄报

· 课堂展示

展示

我们想出了这样的韵律。

展示的要点

全组成员或小组代表上台，以研讨会的形式阐述本组的观点。教师担任主持人，引导各小组积极交流想法。个人的想法往往会在与他人或小组讨论的过程中得到深化、提升。

如果选择以海报形式进行展示，则需要确保有足够的空间摆放桌椅以及粘贴展示图的黑板。

小组间距离不应过近，以免影响效果。教师可以事先预备出不同的教室，利用特殊教室或体育馆的空间。教师应鼓励学生运用多种展示技巧，如：将关键词标注在显著位置上；使用图片、图表和表格展示；使用简洁明了的语言；预设问题，并准备好答案等。

在班级内展示
个人或小组展示研究成果。

小组相互展示
以小组为单位相互展示。

1组现在开始展示。

组内展示
小组内部成员轮流展示。

接下来说一下我的调查结果。

在班级外展示
学生进行一系列的创作展示活动，如向社区居民或其他年级的学生做讲解，使他们理解。

我介绍一下校园伤害事故的发生原因。

讨论的要点

当今社会环境下，多元价值观共存，对话、讨论成为尊重并接纳差异的重要手段。在锻炼学生做讨论的过程中，需要先引导学生明确自己的立场。我们可以让学生将自己的观点写在笔记本上，用"√、×"或"A、B"进行标注，也可以让学生用摆放姓名磁贴的方式表明自身立场。确定立场后，再引导学生阐述理由。

与持有不同观点和感受的人交谈，有助于学生提高讨论问题的能力。有些学生倾向于盲目地顺从他人的观点，这并不可取。

通过询问他人观点的依据，学生可以更好地了解他人的思维，从而为构建自己的思维框架奠定基础。

整个讨论过程包括两个阶段：①设定议题；②对话。共计两个学时。

对话（讨论）

我们来确认人数。画"√"的有谁？画"×"的有谁？

将姓名磁贴放到与自己观点一致的地方。

1. 明确每位学生的观点
可以利用姓名磁贴，使其视觉化。

2. 少数派先阐述观点
如果先让多数派阐述观点，那么少数派可能有心理压力。

我认为是 B，因为……

先从赞同 B 观点的少数派开始发表意见。

接下来请赞同 A 观点的同学发言。

我认为是 A，因为……

3. 多数派阐述观点
然后，多数派再发表意见。

184

活用期的技巧⑤

自评与互评

自评与互评的要点

　　在自主的、对话式的深度学习过程中，学生的自我评价（自评）在整个评价活动中占据至关重要的地位。因为，**如果要培养学生自主学习的能力，就必须使他们对自身的学习情况有客观的了解，这样才能获得成就感。并且，教师要鼓励他们不断完善自己，思考未来的目标。在这一过程中，自评无疑是十分有效的方法。**

　　活动结束后，要预留足够的时间供学生进行自评与互评。在自评中，学生需要在笔记中详细记录对活动的回顾，并以4个等级为基准进行自评。此外，学生需要在便签上对其他人的活动表现进行评价，以此来互评。

　　他们可以从是否主动参与活动、是否能与同学合作、是否能用个人的方式进行表达、是否能自己做决策、是否能解决问题以及自身是否有所提升等多个方面进行评价。

互评

在便签上写下对同学发言的评论，并以两人或多人小组为单位互评。

整理评价

用自己的方式对收到的他人的评价便签进行分类和总结。总结相似的意见，思考需要改进的地方，以便进行自我反思。

自评（分数）

学生反思自己的学习情况，并按照 4 分制打分，同时附上打分依据，回顾自己的学习过程。

我给自己打 2 分，因为我觉得自己和同学的合作不够。

自评（文章）

将收集到的来自他人的评价便签贴在笔记本或记录表上，用一段话对自己的学习进行评价。

通过这次学习我学到了……下次我要对……进行研究。

専栏
二

教学设计与教学材料开发

烹饪界有句名言叫："七分靠食材，三分凭技艺。"这句话同样适用于教学领域。**无论技艺多么精湛，如果食材不好，就难以做出美味佳肴。同理，优质的学习材料能够有效激发学生的学习热情，反之，如果材料不理想，学生的学习热情就会减弱。**

那么，应该由谁来挑选优质的食材呢?当然是厨师本人。厨师首先需要练就的是鉴别优质食材的能力，研究烹饪技巧甚至排在次要的位置。

在教学中，教学材料的质量同样会对教学设计产生深远的影响。如果教师能够开发出符合学生实际情况的优质教学材料，那么课程也就成功了一大半。因此，开发优质的教学材料非常重要。让我们在开发教学材料时更加用心吧。优质的教学材料可以促使学生更加锐意进取。

为了激发学生的积极性，提高学生对学习目标的敏感度，教师需要具备善于发掘优质素材的慧眼，同时需要掌握将优质素材加工成为教学材料的技巧。

　　对于教学材料的理解，众说纷纭。普遍观点是"课本中的内容便是教学材料。"我们如果不摆脱这种思维模式，将很难激发出课堂的活力。**教学材料必须能颠覆学生的既有认知，帮助其打破传统观念，拓宽其视野。**这样思考的话，课本中的内容便不全都是教学材料，对其他班级有效的教学材料也未必适合自己的班级。当然，课本中不乏优质的教学材料，但我们更需要从日常生活中挖掘更多的优质教学材料。关键在于教师能否发现它们。

　　研究教学材料，就意味着教师要考虑自己所带班级学生的实际情况，预先设定好学生探索学习的领域，拓宽和深化学生探索学习的内容。对于自身都无法发现或无法理解的事物，教师更无法引领学生去探索学习。**教师只有在对教学材料进行了深度研究并使之融入自身认知体系后，才有能力引领学生进一步探索学习。**当教师对某些知识领域深入学习，并渴望引导学生也探索该领域时，这些知识才能够成为教学材料。在这一过程中，教师的热忱和魄力也必将激发学生的探索欲望。

教师需要时刻牢记本学期、本单元的教学目标，在阅读书籍杂志、观看电视节目、使用社交媒体、观察日常生活时，都可以从中汲取灵感。我们可以记下笔记或拍照留存，思考这些素材能否作为教学材料使用。

第 5 章

探索期的教学设计

何谓探索期

本章将讨论探索期的学习。

探究性学习通常是在综合学习阶段内进行的，我们可以将21世纪社会中的各种问题作为主题。开展探究性学习可以极大地肯定和培养学生的独立性、协作性、创造性，它是一种全方位提升学生综合素质和能力的学习方式。

探究性学习的内涵就是由学生自己发现问题、设定课题并解决问题。

在许多情况下，学校甚至未能提供充足的机会让学生积累丰富的"提出问题"的经验。学生的学习内容、学习顺序都是预先设定好的。但其实，学生的脑袋里本来就有着许许多多的问题："为什么会出现彩虹？""狗为什么会汪汪叫？"因此，在探究性学习中，教师需要确保学生有充分的时间去探索和研究他们感兴趣的事。但这并不意味着他们可以随意探索任何内容。我们需要精心组织跨学科主题的教学，使学生能够运用该学年所学到的知识和技能。

为了确保综合学习阶段的探究性学习能够按照我们预想

的进行，我们必须充分考虑"项目式学习"①的特点。

如今，随着解决全球性问题意识的提高，人们重新认识到了综合学习阶段的学习的重要性。而作为其理论基础的项目式学习技巧，也得到了重新的评估和审视。

出现在综合学习阶段的项目式学习具有如下6个显著特点：

①学习时将重心放在调研活动、实践操作及成果制作上；

②积极主动地共同推进项目的策划、运营及评价；

③抱有问题意识与目的意识，表达自己的观点；

④通过社会参与，开展一些能提升活动及作品应用价值的实践活动；

⑤通过体验，掌握多种综合能力；

⑥在各个单元中，按照R-PDCA循环流程②开展各类活动。

在所有项目中，学生始终扮演着核心角色，他们借助丰富的材料和体验来研究实践性课题。

---

① 项目式学习（project-based learning）是指以问题（课题）为导向的学习。——译者注

② R-PDCA 循环流程是指识别、计划、实施、检查、调整的一系列过程。——译者注

其中，④当中的"社会参与"和"实践活动"尤为重要。其目标是使学生在课堂上创作的作品及学校开展的各类活动能对当地社区产生积极的影响。例如，在表演戏剧时，可以将环境保护作为主题，甚至可以邀请当地居民作为观众，或者将表演置于跨文化交流的背景之下，而不仅仅局限于学习表演技巧、掌握专业技能或满足个人兴趣爱好。

在进行探究性学习的过程中，实施以下策略将会带来显著的效果。

①成功体验

探究性学习中，最重要的是使学生获得解决问题的成功体验，这有助于增强学生的成就感。**为此，教师需要为学生提供适当的学习范例作为个性化的指导。**

提供范例能够降低解决问题的难度系数，同时能为理解能力较弱和熟练程度较低的学生提供实质性的帮助，从而使所有学生都能感受到解决问题所带来的乐趣。

②恢复体验

尽管在实验、资料检索或调查活动中可能遇到各种

困难，但我们绝不能让学生放弃，而是应当鼓励他们通过反复试错，战胜困难，经历重获成功的体验过程。组织小组讨论以寻找改进方案、使用提示卡向学生展示成功的秘诀、引导学生借鉴优秀小组等方法都是行之有效的。

当学生从失败中恢复过来时，无论是教师还是其他小组都应该给予他们充分的赞扬，肯定他们的努力，使他们有机会体验到获得成功的喜悦。

③自评

教师通过引导学生关注自身的学习进度，激发其学习积极性；通过记录他们达成的目标和解决的课题，帮助他们获得自我效能感和成就感。

④互评

互评最好设置在课堂教学的过程中。以此为契机，学生们可以互相发掘彼此的优点和潜力。**互评有助于学生改进自己的思维方式，提高作品质量和表现水平。**

互评活动，也被称为"打磨"和"锤炼"，是学生们相互修正、共同进步的有效手段。也就是说，在自主的、对话式的深度学习中，学生间的互评是不可或缺的重要环节。

综合学习阶段的探索过程可以分为4个阶段：①设定课题；②收集信息；③整理、分析；④总结、表达。在此基础上，我们可以进一步将其归纳为7个具体的步骤。在探索期的授课中，我们可以照此推进。

①确定主题（约2小时）；

②设定课题（约1小时）；

③计划（约2~3小时）；

④收集信息（约2~3小时）；

⑤整理、分析(约1小时)；

⑥总结、表达（约3~5小时）；

⑦评价（约1小时）。

接下来，本书将详细介绍每项工作的推进方法。

探索期的技巧①

确定主题

我校将举办50周年庆典。

确定主题的要点

探索的主题既可以由教师准备，也可以由学生根据自己的程度自行设定。 为了确保一致性，学校最好事先设定好各年级的主题范围。

主题可以涵盖下文所列举的6个单元模式。我们可以将此作为参考，决定"在哪个年级开展哪些活动"。

此外，我们可以安排高年级的学生自行决定主题。学生可以借鉴过往的主题设定经验，自主决定想探索的内容。具体来说，可以由年级的学生代表召开会议决定大致的主题。

1.调查探索型

调查探索型是指学生通过参阅文献、网络搜索、访谈和问卷调查等手段，对环境、社会福利与和平问题等进行研究，并以多种表现形式呈现研究成果的一种探索类型。

● 调查无障碍设施；

● 调查环境问题；

● 制作世界各地的美食；

● 举办城市自豪感大会；

●制作时间胶囊。

2.综合评价型

综合评价型是一种以创作和表演戏剧、音乐剧和多媒体作品为最终目标的学习形式。

●挑战制作CD；

●设计网页；

●尝试制作音乐剧；

●制作电视节目；

●挑战制作广播剧。

3.社会参与型

社会参与型适用于在当地社区开展志愿者活动、职场体验活动以及提高学生对环境和人文问题的认识等方面的活动。

●体验职场；

●加入志愿者团队；

●外出参加交流实习；

●进行城市规划；

●参加公益活动。

这适用于从企划到运营都由学生自主推进的活动。

●筹办国际庆典；

●组建街头乐队；

●培养歌手；

●组织儿童市集；

●举办和平研讨会。

这适用于学校之间通过互联网、视频邮件、视频会议等信息交流方式开展的协作学习，以及学校间通过联合举办体育节、远足活动等方式进行的交流学习。

●比较全国各地的方言；

●通过视频会议进行讨论；

●建立共享网站；

●共同为联合国儿童基金会募集资金；

●共同组织学校活动。

6.自我塑造型

这种类型的活动的主要目的是引导学生思考自己的生活方式。

例如，通过撰写自传反思个人的成长历程、举行半成人仪式①、通过成长报告会与同学加深交流、展望家乡的未来并思考个人未来职业发展等，它们能使学生提高自尊心，探索更适合自己的生活方式。

这些活动有助于学生更好地接受职业教育、死亡教育及完成自我建设课程等。

●举行半成人仪式；

●制作毕业纪念专辑CD；

●举办虚拟同学会；

●举行立志仪式；

●撰写个人小传，并互相交流。

---

① 在日本，学校会为 20 周岁的年轻人举行成人仪式，所以为 10 周岁的孩子举行的就是半成人仪式。——译者注

探索期的技巧②

设定课题

以主题为基础，自己设定课题。

我想研究学校的历史。

调查学校和地区的关系怎么样？

设定课题的要点

　　即使已经确定好了主题，学生依旧有自我发挥的空间，可以就该主题提出许多相关的子话题。例如，如果主题是"宣传当地的优势"，学生可以确定自己的子话题，如"如何使当地的庆典活动更加出色"。

　　提出问题本身就是一项颇为复杂的活动。在探究性学习中，最重要且最困难的便是引导学生自主提出问题。一般情况下，学生仅能提出一些通过网络检索便可得到答案的问题。

　　要想提出问题，首先需要全身心地投入到该主题的思考之中，并先行积累大量实践知识。为使学生能够提出"需要深入调查才能得出答案"的问题，教师应该给予相应的指导。例如，教师可以要求学生阅读高年级学生撰写的研究报告，了解哪些问题已经被解决了、哪些问题仍待解决，从而使学生对自己在综合学习阶段的学习目标有更深刻的了解。

　　随后，为了使学习课题与研究主题更加具体，学生可以采访学校的教师和专家，请其针对选择合适的课题提供

建议；可以查阅图书馆的书籍，获取更多知识；可以开展问卷调查，了解实际情况，确定课题。

学生可以组成4人小组共同推进活动。小组讨论要遵守这些规则：不对他人的观点进行批判、多提出自己的想法、欢迎自由发表意见、允许借鉴他人的想法。

接下来，本书将介绍"头脑风暴"的方法。它是一种使小组成员就某一问题或主题自由交流意见、激发出各种想法的方法。具体来说，学生需要将"为什么""怎么做""想研究的内容"等个人看法写在便签上，并贴到白板上展示出来。

学生可以从3个角度寻找差距，分别是：时间、空间、成就感。

头脑风暴

计划

计划的要点

在计划环节，需要进行"设定目标"和"制订计划"两大项活动。

在此阶段，根据活动的开展情况，我们常常需要对最初设定的目标进行调整或更改，这时要重新设定目标，以确保意见的统一。这就要求教师具备一些指导技巧。

所谓"指导"，是指教师尊重学生的主观能动性，鼓励他们深入思考，从而提高学生的自发性，培养他们的自我责任感。

教师主要以"5W1H"为重点，在观察小组活动的同时围绕"时间（When）""地点（Where）""人物（Who）""对象（What）""原因（Why）"和"方法（How）"提出一系列的问题，通过这些问题引导学生明确活动的情况与主旨。

将想做的事情用联想图或流程图呈现出来。对所写的内容重新审视，确保想法前后一致。

· 联想图

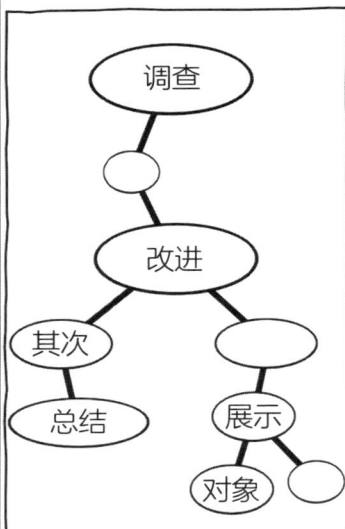

· 流程图

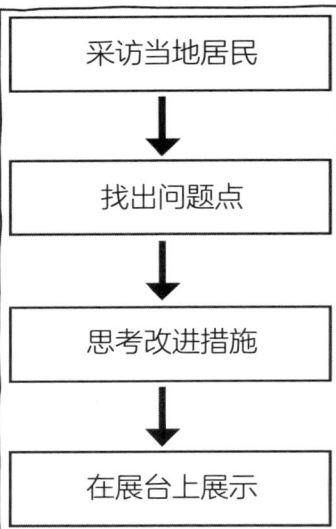

制订计划

在"制订计划"中，小组详细讨论并决定研究方法、时间表、角色分工、访问地点等。当然，日后这些都可以修改。

探索期的技巧④

收集信息

收集信息的要点

除了研究相关文献及分析资料外，学生还可以采取网络检索、问卷调查等多元化的手段收集信息，利用计算机统计软件分析数据，同时借助互联网、视频做信息交流。 通过上述方式收集的信息及数据分析结果将在后续的"作品制作"环节中使用，用于制作发表会的演示资料。

在校外收集信息时，实地考察和事前会议必不可少。需要事先对细节性事项做好计划，如：考量安全、划分教师职责、观察或参观目标、联络交通工具及安排票务、测算所需时间等。

查阅图书
可从当地图书馆借阅图书，借阅数量以班级学生数量上浮 5~10 本为宜。

资料集
使用社会课资料集等。

社会课
资料集

打印材料
教师应准备好一些与资料数据相关的打印材料。

网络
登录博物馆的网站搜集信息。在校、在家均可查询。

探索期的技巧⑤

整理、分析

请对调查结果进行整理和分析。

整理、分析的要点

学生在收集完信息后，需要对信息进行整理及分析。**这样就可以提炼出观点的共性，从而锁定需要讨论的焦点。**

整理和分析信息的关键在于通过对比明确异同点，并以此为基础进行分类。可运用KJ法或定位图整理信息，然后进行分析。

教师可以准备几款不同的纸：海报用纸、图画纸、颜色尺寸各异的便签纸等，供小组成员自行选择。"选择"这一行为有助于培养学生的自我主体意识。

在讨论的过程中，要选定一名学生负责推进讨论的进程，即所谓的"引导者"。他将代表全体学生担任总负责人。其职责是鼓励团队成员达成共识，并且有序推动讨论进程。在初期，可以由教师指定负责人，待学生适应之后再改为轮流担任。

KJ法
将各自通过信息收集得到的知识、关键词、发现及疑问等写在便签上，并进行逻辑归类，同时为各个类别加上适当的标题。

总结、表达的要点

学生通过整理与分析，明确课题的研究结论，随后以通俗易懂的形式展示这一系列探索的成果。

在展示探究性学习的研究成果时，最常见的方式有两种：用幻灯片展示或用海报展示。无论采用哪种展示方式，最关键的是要简洁明了地概括出自己针对课题所提出的问题、得出的结论以及这些结论的支撑依据和推理过程。此外，学生应总结在探索过程中的发现、疑问及参考文献等信息。

我们可以设定参观日期，邀请学生家长及当地居民参观。这样做对学生来讲将会更具激励性。在展示过程中，我们要鼓励学生相互交流。此外，学生可以利用纸偶剧、木偶剧等形式进行表演，以便观众更直观地理解所展示的内容。

演示

用电脑制作演示的幻灯片，并进行演示。幻灯片数量最好控制在 10 张左右，这样便于记忆。

报纸

将成果以报纸形式呈现，可制作成墙报或者打印成可派发的报纸。

探索期的技巧⑦

评价

评价的要点

　　正式活动结束后，需要针对活动进行评价。互评完成后，学生将进入自评阶段，通过对话反思自身的学习状况。

　　便签法是常用的互评方式之一。学生在便签上写下自己对其他同学作品的看法、对其表现的正面或负面的评价以及改进建议，随后交给本人。收到便签的学生将其贴在自己的反思表或设计表上，并参照同学的评价意见进一步深化自我评价。这是一种完善和改进彼此作品的简便方法，适用于小学所有学科和领域。

　　便签可为彩色便签，红色的代表"待改善之处"，而蓝色的代表"优势"。需要注意的是，如果便签上全是批评性的评语，那么恐怕难以激发被评价学生自我完善的热情。

　　互评的目的在于引导学生挖掘其他同学的优点，提供解决问题的策略，并发挥其个性。为了避免出现"批评大战"，在学生开始评价之前，教师需要告知他们互评的目的。

相互评价

在相互评价时，小组对项目进行反思，并从曾参与项目的专家那里获得评价意见，以此为参考，总结成果和问题。

· 小组互评

· 便签分类

自我评价表

在"自我评价"环节，从多个角度评价自己在活动中的表现。对照事先设定的自我评价准则，根据自己所获得的知识和能力来反思自己在项目学习中取得的成果，并将所得评分归纳成雷达图。

自我评价表

( )年级 ( )班 学号( )

姓名 ( )

◎本评价表用于学生自评课堂上的表现。
每一项评语都有 4 个分数选项，请在符合的分数上画圈。

4: 非常符合　3: 符合　2: 基本符合　1: 完全不符

1	能够主动去做。	（ 4　3　2　1 ）
2	能够与其他同学合作。	（ 4　3　2　1 ）
3	能够用自己的方式表达想法。	（ 4　3　2　1 ）
4	能够自己做决定。	（ 4　3　2　1 ）
5	能够通过思考来解决问题。	（ 4　3　2　1 ）
6	能够提高自己的能力。	（ 4　3　2　1 ）

◎反思
反思你的学习，写下你的想法、感受和观点。

专栏

教育与著作权

在教学过程中，教师有时需要自编教学材料，用以辅助教学活动。在这一过程中，可能出现借用已有作品的情况。《著作权法》[①]对这类情况做了特殊规定，允许教育者在特定情况下未经授权使用他人的作品。

法律规定如下：

学校及其他教育机构（不包含以营利为目的的教育机构）中的教育者以及受教育者，在教学活动所需时，可以在一定范围内复制已出版的作品。如果根据作品的类型、用途、复制次数及方式，对版权所有者的权益造成了不公正的侵害，则不适用于上述规定。

——日本《著作权法》第三十五条第（一）项

例如，根据该条款，教师可在未经著作权人许可的情况下复印其作品的一部分制作成教学材料并印刷

[①] 本书引用的《著作权法》为日本法律。——译者注

出来。

　　在本法适用的范围内，教师可以将学生感兴趣的卡通人物形象等元素用于印刷材料中。但需注意，下列行为属于违法范畴：

　　·将软件等的内容复制到学生使用的多台电脑上；

　　·复制、分发本应由每名学生单独购买的练习册或习题材料；

　　·复制、分发与教学无直接关联的内容；

　　·将复制的材料装订成类似于商品的形式，使其在课堂之外也能使用。

　　我们需要在法律允许的范围之内有效利用教学材料。

第 6 章

评价与评定

何谓评价与评定

我们常常误认为"评价"与"评定"的含义相似。实际上两者在概念上有着显著的区别。

> 评价：认识事物或个体的意义及价值。
>
> 评定：依据一定的标准，确定价值、价格及等级等。

"评价"并不是给学生排序或打分，它更不是决定学生未来出路的唯一依据。**它的主要目标为依据预定的目标和标准来审视学生的学习情况，评估其学习成果，优化并丰富教师的教学指导及学生的学习活动，进而提高教学质量，提升学生的素质与能力。**学习评价最重要的目的是帮助学生更好地发展。

而"评定"则是确定学生的成绩等级，如A级、B级、C级等。教师虽然期待能发挥评价的最大作用，但在实际教学中，必须将评价与评定有机结合起来。这是个不争的事实。

尽管日本的《学习指导要领》中明确定义了评价，但对具体的"标准"却描述不多。这就好比在棒球运动中，仅仅设定了好球区，却未明确"什么是好球"。

　　对学校教学而言，制订评定方法至关重要，这也是教师当前面临的难题之一。为此，本书将详尽阐述具体的评定方法。如何做到既能客观地评价、培养学生，又能确保评定结果尽可能准确？本书会通过实例演示这一过程，以供大家参考。

评定的分数化

本节将详细阐述如何给学生打分并评定等级。如果只采用卷面考试的话，90~95分以上（具体会因学校情况与类型有所差异）通常被评定为A级，而60分以下则被评定为C级。

当涉及实践操作技能考核时，如果考核包括3个项目，每个项目3分，则总分为9分。总分8分以上评为A级，4分以下则评为C级。

如果既有卷面考试又有实践操作技能考核，则两者总计满分为100分。**如果技能表现分是9分，则需要对卷面考试的最终得分进行换算，卷面占91分。然后再加上技能表现分9分（即3个项目，每项3分）。相加以后，总评得分便可达到满分100分。**

或许有人认为技能表现分仅为9分的设定似乎"相对卷面考试而言过低"。实际上9分在评定等级方面具有相当大的影响力。举例来说，如果95分以上属于A级，那么卷面考试得到95~96分的学生若技能表现欠佳，可能降至B级；反之，卷面考试得到93~94分的学生，通过足够的努力则可晋升为A级。因此，9分在评定等级的过程中起着举足轻重的作用，这个分数并不算低。

　　一些项目的计算与换算可能较为繁杂，因此，我们利用Excel表格可大大简化这些步骤。

知识、技能的评价

知识、技能的评价要点

　　知识、技能的评价，也就是对学生通过学习获得知识与技能的情况展开评价。知识、技能的评价方式因学科特点而异，但一般情况下教师主要通过卷面考试来衡量学生对知识的掌握程度。在设计试卷时，教师要使试卷包含这两种题型：考查学生对事实性知识的掌握情况的题型与考查学生对概念的理解情况的题型。并且，注意这两种题型间的平衡。

　　此外，如果需要对实践操作技能进行评价，则应实施"技能表现评价"，并分配10分左右的权重作为技能分数。根据各学科内容的性质，教师可以采用多种方法，如通过观察、实验或使用公式和图表等方式考查学生实际运用知识和技能的能力。

知识、技能的评价对象

语文课
对字形的掌握、字的工整程度、对读音的掌握。

数学课
作图。

理科课
实验、观察。

社会课
阅读资料。

●卷面考试

在实施时，要注意"考查学生对事实性知识的掌握情况的题型"与"考查学生对概念的理解情况的题型"间的平衡。

●技能表现评价

根据各学科内容的性质，采用多种方法，如通过观察、实验或使用公式和图表等方式考查学生实际运用知识和技能的能力。

体育课
各单元的技能测试（3分 ×3）。

音乐课
唱歌、器乐演奏和音乐创作。

外语课
说、听。

图画手工课
图画、手工。

家政课
技能测试。

思考、判断和表达能力的评价

思考、判断和表达能力的评价要点

关于"思考、判断和表达能力"的评价，重点在于考查学生在利用各科知识与技能解决问题时所需要具备的思考、判断和表达能力是否达到标准。

对于设有卷面考试的科目，我们将依据卷面考试的分数进行评价。**在此分数的基础上，我们还可以增加对学生在课堂上活动表现成果的评价。**也就是说，对报告、报纸、演讲、讨论等的成果进行打分评价。对学生的活动表现进行打分有一定的难度。例如，如果教师仅仅因为某个学生在记录表上写的内容多就给满分，那么这样的评价很不负责任。因为即使写了很多内容，未必意味着他付出了足够多的努力，也不能保证内容的准确度。

那么，我们如何才能更加准确地评价学生的实践表现呢？

关键在于运用"量化评价"。

量化评价是一种更为客观、稳妥且可靠的方法，适用于评价那些无法通过卷面考试评定的素质和能力。简单来说，它有点类似于花样滑冰等比赛中使用的评分方法。

在许多情况下，对教师的评价需要从多个方面进行，包括班级管理、教学及校务工作等。同样的，对学生的某项实践技能表现，我们也需要从多个角度进行评价。

原本我们应该按照各学科的学年和单元内容，分别制订"量化评价标准"进行评价，但每次都单独制订，似乎有些不太现实。

为此，本书提出了"简化版的量化评价标准"。

我们可以从以下3个角度，对学生的表现进行评价。

①在实践中的投入程度（是否足够努力）：3分

评价学生的表现是否足够努力。考查其表现成果是否结合了该学科的特性。

②灵活运用所学知识（能否正确地灵活运用知识）：3分

评价学生是否正确地灵活运用了在掌握阶段所学的知识和技能。建议采用扣分制来评价，如：一个地方出错便扣除1分。

③丰富的内容结构（是否完成了足够多的量）：3分

评价量是否充足。此外，我们可以从是否运用了各类知识和技能、是否设计了多种解决方法等方面进行评价。

简而言之，这3点就是：态度、正确性、量。每一项满分为3分，共9分。我们可以参照这3点来明确学生在实践阶段所需要掌握的能力。

需要注意的是，当我们在对学生在图画手工和音乐等学科中的表现进行评价时，需要去掉"丰富的内容结构"这一项，并增加**"鉴赏"**项目。

自主学习态度的评价

自主学习态度的评价要点

评价学生在学习时能否做到为了提升自己的思考、判断和表达能力而明确自身的学习状况，能否不断探寻更为高效的学习方式，能否调整自己的学习方法。实际上这就是对其内在学习意愿的评价。

评价学生是否在自主学习是非常困难的。原因在于这必须深入学生的内心去了解他们的学习动机和心态。然而，即使询问了学生，也未必能了解到他们的真实感受。

为了更好地培养学生的自主学习能力，我们需要引导他们遵循基本学习规律、坚持良好的学习习惯，以及提高灵活调整个人学习策略的能力。

我们可以从3个视角对学生进行评价。将每个视角设定为3分，满分为9分，总分8分以上为A级，4分以下为C级。但需注意的是，我们不能仅仅依据学生坚持做到了某些行为或积极发言就简单地对其性格及行为习惯作出评价。

❶ 日常课堂活动中撰写的笔记内容（3分）

重点不在于学生是否提交笔记，而在于笔记内容。教师可以在学期末进行综合评价。

❷ 观察课堂上的发言和行为（3分）

重点不在于学生的发言次数，而在于发言内容。在一个学期内，教师可以对每个学生抽取约3节课进行评分，最终得出平均分。

❸对学生的自我反思作评价（3分）

完成实践活动之后，可以要求学生写自我反思。教师根据学生的自评和互评给出分数。

通过这次学习

个人内部评价

250

个人内部评价的要点

鉴于每个学生的优点、潜力以及进步情况，无法在分视角的评价①与评定过程中充分体现，因此我们可以采用"个人内部评价"的方式来弥补。

教师可以详细记录下学生在学习过程中所表现出的感性与富有同情心的行为，并就此以口头或书面形式与学生沟通交流，使学生能够更直观地意识到自身的学习态度及转变，从而帮助他们养成更加积极进取的学习态度。

此外，评价范围可以包括是否遗忘作业、举手次数等多个方面。

通过对这些评价结果的积累和分析，我们能够引导学生不断调整和完善自己的学习策略。同时，这有利于我们在各单元的教学中，更好地提升学生的知识和技能水平以及思考、判断和表达的能力。

---

① 分视角的评价是指从各学科领域设定的不同视角对学生的学习情况进行评价。

——译者注

通知单的意见栏

他能做到反复检查自己的随身物品，确保没有遗忘任何东西。

小红花评语

你为其他同学解答了疑惑。

日常互动

你举手发言越来越积极了。

畅谈会

当其他同学需要帮助时，A 同学能主动伸出援手，他乐于助人。

专栏
三

设置教学材料研究架

　　教育者也是知识的创造者。创造者需要各类的素材和工具。

　　对教师而言，素材与工具就是图书。我们需要熟知前人的研究成果及实践，进而在此基础之上进行教学设计。如果不具备上述条件，那么可以想像得出我们的教学研究可能不尽如人意。

　　因此，我们可以将办公室的一角改造成教学材料研究区。那里可以配备专门的书架，用于摆放教育类图书。既可以用公费采购相关图书，也可以将教师们阅读过的教育类图书集中放置于此。教师捐赠给学校的图书无须署名，而借出的图书则应妥善记录。如果个人想将图书带回家，则须事先征得同意。

　　通过设立教学材料研究架，可以实现知识共享，如：向同事介绍"这本书里介绍的实践非常好"，分享教育技巧。

　　教学负责人可以带头组织营造这种环境。

结　语

教育界有各种各样的教学方法。此外，随着社会的不断发展，教育所需要的形式也在不断改变。

在撰写本书时，我将各种教学技巧做了分类总结，以供读者能够灵活运用。

尽管教学技巧只是实现教育目的的手段而已，但我们教师如果能够掌握更多的教学技巧，必将对学生产生积极的影响。

各位读者可以将本书当作一个实用的"教学技巧百宝箱"。从这个"百宝箱"中取出您所需的工具，以便与新知识展开深入的交流与互动。

在教育实践方面，身为教师的我们需要抱有"自己全力以赴并使学生全力以赴"的信念，来进行教学实践。为了确保学生能全力以赴地投入学习，我们必须以身作则，在运用教学技巧时也要做到贯彻始终。

教学设计无疑是一项极具挑战性的工作。那些耗费教师大量时间精心准备的课程内容，可能在短短几分钟内便被讲述完。而且，教学成效并非总是立竿见影的，部分课程的实际效果往往需要等学生成年之后方能显现。这便是教育的复杂之处，充满了无尽的变数和挑战。

著名教育家森信三曾留下这样的名言：

教育如同在流水上写字一般，永无止境。然而，我们必须以在石壁上雕刻铭文般的严谨态度来对待这份事业。

通过课堂教学，我们期望学生至少能够掌握一种在10年或20年后能够成为他们坚实后盾的能力。

希望我们以此为荣，致力于成为知识的创造者，努力打造出令学生耳目一新的课堂环境。